Andrea Schwarz

Die Sehnsucht geht weiter

ANDREA SCHWARZ

DIE Sehnsucht GEHT WEITER

Vom Jakobsweg
und den Pilgerwegen des Lebens

Mit Zeichnungen von Johannes Werner

PATMOS VERLAG

Für Felix und Mira,
die den Pilgerweg ihres Lebens begonnen haben –
buen Camino!

MIX
Papier aus verantwortungsvollen Quellen
FSC® C014138
www.fsc.org

Klimaneutral
Druckprodukt
ClimatePartner.com/14549-2003-1001

Die Verlagsgruppe Patmos ist sich ihrer Verantwortung gegenüber unserer Umwelt bewusst. Wir folgen dem Prinzip der Nachhaltigkeit und streben den Einklang von wirtschaftlicher Entwicklung, sozialer Sicherheit und Erhaltung unserer natürlichen Lebensgrundlagen an. Näheres zur Nachhaltigkeitsstrategie der Verlagsgruppe Patmos auf unserer Website www.verlagsgruppe-patmos.de/nachhaltig-gut-leben

Verlagsgruppe Patmos in der Schwabenverlag AG, Ostfildern
www.verlagsgruppe-patmos.de

Gestaltung: Finken & Bumiller, Stuttgart
Illustrationen: © Johannes Werner, Köln
www.alteburg-verlag.de
Umschlagabbildung: tapilipa/shutterstock
Vorsatz: L. Kramer/shutterstock
Vignetten: Daniela Barreto/shutterstock
Autorin-Foto: © Ulrike Diekmann
Druck: Finidr s. r. o., Český Těšín
Hergestellt in Tschechien
ISBN 978-3-8436-1298-2

Ein paar Worte vorab

Lieber Leser, liebe Leserin,

Was haben der Pilgerweg nach Santiago de Compostela, ein Segelschiff auf der Ostsee, Südafrika und der Einstieg in die Rente miteinander zu tun? Auf den ersten Blick nicht so besonders viel.

1997 bin ich nach Santiago gepilgert, 580 Kilometer zu Fuß, quer durch Nordspanien. Es war für mich eine der wichtigsten und prägendsten Erfahrungen meines Lebens.[1] Das Pilgertagebuch von meinem Weg damals, »Die Sehnsucht ist größer«, ist seit einiger Zeit vergriffen und wird, vollkommen zu Recht, nicht wieder neu aufgelegt. In den über 25 Jahren, seitdem ich den Weg gegangen bin, haben sich die Umstände und Bedingungen auf dem Camino grundlegend verändert.

Gleichgeblieben aber sind die Erfahrungen, die man auf diesem Weg machen kann: unterwegs sein mit wenig Gepäck, an Grenzen kommen, Herbergen für die Nacht suchen, Begegnungen mit anderen Pilgern und Pilgerinnen, Wind und Wetter ausgesetzt sein, ankommen … alles wichtige Lektionen für das Leben. Denn pilgern ist nicht einfach irgendeine »Urlaubsaktivität«, sondern will vielmehr Haltungen einüben, die lebendiger machen. Und die sind immer wieder gefragt – sei es nun beim Segeltörn auf der Ostsee oder auch beim Eintritt in die Rente. Bewusst geworden ist mir das vor einigen Jahren, als ich jeweils einige Monate im Jahr ehrenamtlich in Südafrika arbeitete. Da fragte mich eine Frau: »Gehen Sie denn eigentlich noch einmal nach Santiago de Compostela?« Ich weiß noch, wie verblüfft ich über diese Frage war – ich bin doch jetzt in Südafrika! Das ist doch auch irgendwie »Santiago« und »Camino« – nur eben nicht in Nordspanien! Und so was in der Richtung sagte ich dann auch. Südafrika war für mich »in der Fremde sein«, also das, was das Wort »pilgern« eigentlich bedeutet. Die Faszination der Weite erlebt man nicht nur in den Pyrenäen und der Meseta, sondern auch auf der Ostsee. Und die Rente und das zunehmende Alter zwingen einen durchaus dazu, kreativ mit ungewohnten Situationen umzugehen, manchmal von Plänen Abschied zu nehmen, sich mit Handikaps auseinanderzusetzen.

Diesen Erfahrungen, die man auf dem Camino verdichtet und vielleicht in einer besonderen Intensität machen kann, möchte ich nachspüren. Was ist das, was man beim Pilgern für das Leben lernen kann? Welche Lektionen hält der Weg für uns bereit?

Nein, ich bin nicht fertig mit dem Camino. Er bewegt und beschäftigt mich – auch über 25 Jahre später. Und das ist gut so. Ich bin noch nicht am Ziel angekommen, sondern immer noch »unterwegs«. Und falls Sie mögen, lade ich Sie herzlich zum Mitgehen ein! Denn über eines bin ich mir sicher: Die Sehnsucht ist nicht nur größer, sondern geht auch weiter – und hört eben nicht mit dem Ankommen in Santiago auf …

In diesem Sinn: *Buen Camino!*

Infos von A–Z

Jeder Reiseführer, der etwas auf sich hält, hat ein allgemeines Kapitel über Land und Leute, zu Klima und medizinischer Versorgung, mit wichtigen Telefonnummern und Öffnungszeiten der Geschäfte. Das muss man nicht unbedingt lesen, aber manchmal sind doch wertvolle Hinweise dabei. Dieses Buch ist kein Reiseführer. Es kann und will nichts darüber sagen, wie es im Refugio in Leon oder Astorga heute aussieht oder wie viel Kilometer es von Burgos bis nach Hornillos sind, darüber geben aktuelle Wegbeschreibungen, auch in digitaler Form, besser Auskunft.

Und trotzdem ist dieses Buch doch irgendwie eine Art Reiseführer. Es beschreibt keine einzelnen Strecken auf dem Camino, sondern Erfahrungen, die man als Pilger machen kann. Daraus ergeben sich bestimmte »Etappen« mit Erlebnissen aus verschiedenen Orten entlang des Weges. Grundlage dafür sind meine Tagebuchnotizen von 1997, man erkennt sie an Datum und Ort, die in der Regel vorangestellt sind. Für dieses Buch wurden sie geringfügig überarbeitet. Sie werden ergänzt durch Texte aus anderen Veröffentlichungen und Gedanken und Fragen zu dem jeweiligen Thema. Wo ich auf das Tagebuch zurückgreife oder auf andere Veröffentlichungen, ist der Text in einer eigenen Schriftart gestaltet.

Wenn konkrete Orte oder Wegstrecken beschrieben werden, so wollen sie eher als »Zeitdokumente« aus dem Jahr 1997 verstanden werden. Deshalb gibt es auch einige Kapitel, die mit »Erinnerungen« überschrieben sind. Sie wollen ein wenig von der Geschichte des Caminos wiedergeben und damit deutlich machen, wie sehr sich die Rahmenbedingungen dieses Weges verändert haben und sicher noch weiter ändern werden. Veränderungen aber sind immer ein Zeichen für Lebendigkeit, ganz unabhängig davon, ob man das jetzt gut oder schlecht findet.

Die Kapitel sind also nicht chronologisch oder dem Wegverlauf entsprechend aufgebaut. Deshalb ist es eventuell hilfreich zu wissen, dass ich den Weg von Saint-Jean-Pied-de-Port bis Leon alleine gegangen bin. Dort kam Christiane, eine Freundin, dazu. Mit ihr war ich dann bis Santiago zusammen unterwegs. Eher ungeplant war die Begegnung mit Martin, wir waren die letzten drei Tage vor Leon miteinander auf dem Weg.

Durchgängige Wegbegleiter waren für mich Texte aus der Bibel: In der katholischen Kirche sind für jeden Tag bestimmte Abschnitte zur Lesung vorgesehen, und das »offizielle« Morgen- und Abendgebet *(Laudes* und *Vesper* genannt) besteht überwiegend aus Psalmen, dem »Gebetbuch« der Bibel. Zitate daraus tauchen im Text immer wieder einmal auf.[2] Denn für mich war und ist der Camino ein spiritueller Weg und hat deshalb auch etwas mit Gott und meinem Glauben zu tun.

Bei der Suche nach Bildern zum Pilgern und dem Camino Francés bin ich auf die Zeichnungen von Johannes Werner gestoßen. Er hat sich freundlicherweise bereit erklärt, einer Veröffentlichung der Zeichnungen in diesem Buch zuzustimmen. Sie wollen einfach markante

Orte des Weges wiedergeben und sind, genau wie die Kapitel selbst, nicht unbedingt dem Wegverlauf entsprechend angeordnet.

Und bevor Ihnen irgendetwas »spanisch« vorkommt: *Camino* ist das spanische Wort für »Weg« und ist bei Pilgern und Pilgerinnen, egal welcher Nationalität, ein feststehender Begriff für den Jakobsweg. *Refugios* sind in der Regel einfache Pilgerherbergen, die von Pfarr- oder Ortsgemeinden oder einem Santiago-Freundeskreis unterhalten werden. Dort ist für den Pilger und die Pilgerin, die sich mit einem Pilgerausweis legitimieren können, für eine Nacht eine preiswerte Unterkunft möglich. Ein *Hostal* ist eine einfache Pension. Und in Spanien ist eine *Bar* nichts »Anrüchiges«, sondern dort nennt man jede Gaststätte so, in der man einen Kaffee oder ein Glas Wein bekommen kann.

Und wenn Sie jetzt umblättern, dann geht's wirklich los!

Etappen-Übersicht

Was mach ich eigentlich hier?

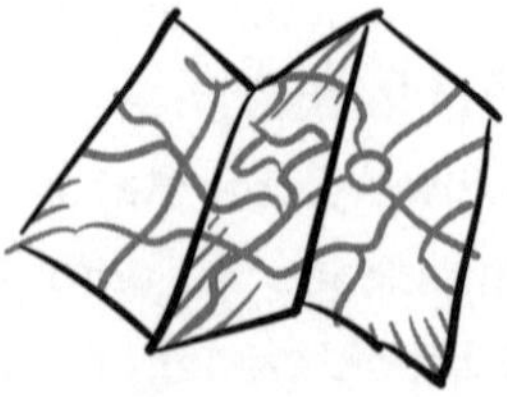

Gelegentlich fragt man sich ja im Leben schon: Was mach ich eigentlich hier – und wie bin ich überhaupt hierhergekommen? Auslöser kann manchmal eine Kleinigkeit sein, zum Beispiel eine Frage.

Als ich auf die magische Zahl »50« in meinem Leben zusteuerte, merkte ich, dass mir manches nicht mehr so leicht von der Hand ging wie früher. Und wenn einem dann noch das erste Mal in der Apotheke der »Seniorenratgeber« mitgegeben wird, kann man ja schon ins Nachdenken kommen ...
Genau in der Situation fragte mich Angelo, der südafrikanische Priester und Freund, mit dem ich in Viernheim in zwei Pfarrgemeinden tätig war, ob ich mir vorstellen könnte, irgendwann mal in Südafrika zu arbeiten. Ein bisschen verfangen in meiner leichten »Midlife-Depression« erklärte ich ihn erstmal für vollkommen verrückt – ich bin doch viel zu alt für so was! –, aber der Haken saß irgendwie. Warum eigentlich nicht Südafrika? Etwas ganz Neues und anderes machen? Es muss ja nicht gleich für den Rest meines Lebens sein – aber für ein paar Jahre? Ich liebe das Land, mag die Menschen dort – warum nicht einige Zeit dort sein, mithelfen, Erfahrungen sammeln, mich ausprobieren?

Aber – ich war noch gebunden. Die Verantwortung meiner Mutter gegenüber, die tapfer mit Anfang 80 ihr Leben lebte – und auch den beiden Gemeinden gegenüber, in denen ich mitarbeitete. Ja ... irgendwann einmal ... vielleicht ...
Meine Mutter starb im Dezember 2006 – und nach all dem Chaos mit Wohnungsauflösung & Co. stand die Idee plötzlich wieder im Raum: Wie wäre es mit Südafrika? Warum nicht noch einmal den Aufbruch wagen?

Und anderthalb Jahre später war ich dann das erste Mal in Mariannhill bei Durban – und das Abenteuer am anderen Ende der Welt fing an ...

Aber wie kommt man eigentlich, lange vor Hape Kerkeling, auf die Idee, nach Santiago zu pilgern? Was ist das überhaupt, »pilgern«? Und wie macht man das?

1994 war ich aufgrund der Krankheit meiner Mutter nach Rheinhessen umgezogen – und mit der neuen Umgebung war auch innerlich etwas in mir aufgebrochen. Ich war auf der Suche, nach Gott, nach mir, nach dem Sinn meines Lebens, ich wusste wohl selbst nicht so genau, was ich eigentlich suchte. Ich meldete mich für Exerzitien an, betete mich ins Stundengebet hinein, suchte mir einen geistlichen Begleiter. Ich war wie ein trockener Schwamm, der alles, was zu meinem inneren Wachstum irgendwie beitragen konnte, einfach in sich aufsog. In meinem Tagebuch damals schrieb ich: »Ich hab mein Bündel gepackt, aber mir wird grad das Land noch nicht gezeigt, Ich sitze sozusagen auf gepacktem Gepäck ...« und mich begleitete der Psalmvers *Lehre mich, HERR, deinen Weg, dass ich ihn gehe in Treue zu dir* (DIE BIBEL, BUCH DER PSALMEN, PS 86, VERS 11). Noch wusste ich nicht, wo es hingehen sollte.

Santiago? In meinem Tagebuch taucht es zum ersten Mal im Februar 1996 auf, zu dem Zeitpunkt, als ich mich entschieden hatte, im Jahr darauf das Theologiestudium zu beginnen, und nach Formen suchte, mich verbindlicher an Gott zu binden. Im Jahr zuvor war ein befreundeter Priester nach Santiago gegangen und hatte begeistert davon erzählt. Und anscheinend war ein Samenkorn davon in mir aufgegangen und hatte Wurzeln geschlagen – vielleicht wäre das eine Möglichkeit, meinem inneren Aufbruch auch ein äußeres Zeichen zu geben? Als ich im September Urlaub an der Ostsee machte, fand ich bei einem Ausflug nach Lübeck vor der Marienkirche auf den holprigen Pflastersteinen einen kleinen, silbern blinkenden Knopf in Form einer Jakobsmuschel – fast wie eine Aufforderung: Mach dich auf den Weg! Geh nach Santiago! Aus der Zeit stammt folgender Text:

Das Segel ist die Liebe

ein Ahnen spüren
der Sehnsucht
Raum geben

meinen Namen hören
und wissen
jetzt

ich geb
mich der Kraft
verlier mich
ans Unterwegs-Sein

und find mich
auf hoher See
und in den Wind
gestellt

und werde unendlich
beheimatet

Ich ahnte, dass mit meiner Entscheidung für Gott und den Glauben ein Weg begann, der mich im wahrsten Sinn des Wortes »heraus-fordert« und beheimatet zugleich. Im Vorwort meines Santiago-Buches hatte ich damals geschrieben:

Ich bin diesen Weg gegangen zu einem Zeitpunkt meines Lebens, an dem ein solcher »Übergang« angesagt war. Ich wollte mir diese Auszeit gönnen, um dieser neuen Ausrichtung meines Lebens Raum zu geben, wollte »danke« sagen für all das, was mir der Gott, an den ich glaube, in den letzten Jahren geschenkt hat.

Aber wie erklärt man das jetzt anderen?

28.5., BURLADA, 9.15 UHR

Am Sonntagabend in Roncesvalles hatte mich Neville gefragt, warum ich den Weg gehe – und da habe ich mich mit einer Antwort, zumal auf Englisch, schwergetan. Inzwischen ist mir eingefallen, was eigentlich die einfachste und zugleich richtigste Antwort gewesen wäre, und das kann man so wohl auch nur auf Englisch sagen: I have fallen in love with God once more – and I'm going to celebrate it (ich habe mich neu in Gott verliebt – und das feiere ich). Ich weiß zwar nicht, ob der Satz grammatikalisch so genau stimmt – aber das würde ich heute sagen.

Beim Abstieg von den Pyrenäen hatte ich mich am Knie verletzt, musste einige Tage mit dem Gehen pausieren und auf »Buspilgern« umstellen. Und da hatte ich mehr als genug Zeit zum Nachdenken:

1.6., LOGRONO, 22.00 UHR

Wenn der Satz stimmt, den ich vor einigen Tagen geschrieben habe: I've fallen in love with God once more – and I'm going to celebrate it – kann ich das dann nicht auch hier im Hostal in Logrono feiern? Auf dem Weg bleiben, auch wenn er sich anders gestaltet, als ich es mir vorgestellt habe – ist das nicht auch schon viel? Und eine andere Frage, die mich heute Abend beschäftigt: Wie macht man das eigentlich, pilgern? Sehr spontan würde ich sagen: Mein Herz auf Gott hin ausrichten – und den Weg gehen. Aber dann gäbe es ja auch ein Pilgern mitten im Alltag – hörend sein und bleiben, offen sein, dem Ruf folgen, loslassen, gehen mit wenig Gepäck, mich an nichts festhalten, bereit sein zum Aufbruch – jeden Tag neu. Dann aber kann es nicht darum gehen, einfach nur 780 Kilometer zu laufen, ein nettes Urlaubserlebnis zu haben – sondern dann geht es darum, eine Haltung und Einstellung einzuüben, die auch im Alltag trägt.

Aber warum gehen eigentlich all die anderen den Camino? Oder sollte man richtiger fragen: wozu? 1997 musste man bei der Beantragung des Pilgerausweises noch angeben, ob man den Weg aus »religiösen, sonstigen geistlichen, kulturellen oder sportlichen Gründen« geht. Wenn ich die Informationen im Internet richtig verstehe, scheint das heute nicht mehr notwendig zu sein. Und das ist vielleicht auch ganz gut so.

3.6., BURGOS, 18.30 UHR

Ich sitze im Sonnenschein auf dem Domvorplatz, mit Blick auf die Kathedrale – die mich schlichtweg beeindruckt. Was steckt da für eine Arbeit von Tausenden von

Menschen drin, für die der Bau dieser Kirche ein Lebenswerk war, wie viel Mühe, wie viel Schweiß! Zur Ehre Gottes? Oder vielleicht doch zur Ehre der Menschen, die sich damit zeigen und beweisen wollten, was sie alles konnten? Weiß man das so genau? Kann man wirklich hinter das »warum« und »wozu« eines Menschen sehen? Und was für den Bau einer Kathedrale gilt, mag auch im kleineren Rahmen für den Camino gelten – ob sich die Motivation immer so klar und eindeutig benennen lässt? Es mag gut sein, dass es neben der offiziellen Begründung immer noch die eine oder andere unbewusste gibt, auch wenn man sich die vielleicht nicht eingestehen mag.

Und dann kann sich sogar beim Unterwegs-Sein selbst noch etwas ändern und entwickeln:

20.6., RABANAL, 12.30 UHR

Auf dem Weg hierher fiel mir ein, dass mein Satz »I've fallen in love with God once more and I'm going to celebrate ist« zwar durchaus stimmt – aber dass möglicherweise der Satz noch viel richtiger ist: »God has fallen in love with me and is going to celebrate it!« – ich erlebe diesen Weg, mein Unterwegs-Sein als Geschenk – und in mir ist ganz viel Dankbarkeit!

Santiago und der Camino – könnte es sein, dass beides eine Chiffre ist, dass sich hinter diesem Wort und diesem Weg etwas verbirgt, das entschlüsselt, gesucht und gefunden werden will? An einem Abend auf dem Alto do Poio mit einem wunderschönen Sonnenuntergang in den Bergen ahne ich anfanghaft etwas:

KATHEDRALE VON
BURGOS

24.6., ALTO DO POIO, 23.00 UHR

Meine Sehnsucht bekommt Bilder – ich weiß, dass ich mich erinnern werde an diese Tage der Weite, der Freiheit. Diese Bilder aber sind nur Abbild meiner Sehnsucht. Ich darf die Bilder, in denen ich etwas von diesem Geheimnis Gottes ahne, nicht mit der Sehnsucht selbst verwechseln. Deshalb geht es beim Camino darum, Bilder für meine Sehnsucht zu finden, die mir helfen, ihr eine Gestalt zu geben. Die Sehnsucht ist größer …

29.6., RIBADISO, 21.00 UHR

Und nochmal interessant wird die Frage: Was heißt für mich Santiago? Mir fällt das Bild vom himmlischen Jerusalem ein, das Lied »In deinen Toren werd ich stehen, du freie Stadt Jerusalem, in deinen Toren kann ich atmen, erwacht mein Lied!«[3] – Santiago als Sinnbild, als Chiffre, für meinen Lebensweg, für das Ziel, auf das hin ich ausgerichtet bin, als Bild für mein Leben. Wegstrecken voll Power, mit viel Kraft, Strecken mit dem notwendigen langen Atem, Grenzen, die ich erreiche, das Geschenk Gottes im Unterwegs-Sein erkennen, Strecken, die ich alleine gehen muss und darf, Wegabschnitte voll Zärtlichkeit und Behutsamkeit, voll Nähe und Begegnung, Wege mit Vertrautheit und Ritualen. Da ist heute Abend viel Sehnsucht nach Leben in mir – und diese Sehnsucht ist bereits schon wieder Lebendigkeit. Santiago – wozu? Um Bilder der Sehnsucht wachzuhalten, in mir und in anderen, um selbst Sehnsucht zu sein …

Und der Versuch einer ersten Bilanz:

4.7., IM ZUG NACH PARIS, 20.00 UHR

Pilgern heißt für mich nach diesen Tagen: »Mich festmachen in Gott und aufgrund dessen neu in Bewegung kommen ...«

Ach übrigens:

3.6., BURGOS, 18.30 UHR

... ich habe mich auf dem ganzen Weg, sogar mit meiner Knieverletzung, kein einziges Mal gefragt: Was mach ich eigentlich hier? Das Unternehmen an sich war nie in Frage gestellt – weder durch mein Erschöpft-Sein in den Pyrenäen, nicht durch die Schlamm- und Wasserstrecken, durch die einsamen Abende in Puente, durch die Schmerzen ... ich bin auf dem Weg nach Santiago – und das stimmt so. Über das »wie« kann man dann ja gegebenenfalls nochmal nachdenken ...

Gassi gehen mit Günter

Da hat man also nun, mehr oder weniger bewusst, eine Entscheidung getroffen, hat sich etwas vorgenommen, vielleicht den ersten Schritt getan ... und plötzlich kommen die Zweifel, die Bedenken wieder hoch. Sollte ich nicht doch lieber ...? Irgendwie bekommt man plötzlich Angst vor der eigenen Courage, möchte am liebsten wieder umdrehen oder das Ganze wenigstens noch ein bisschen hinauszögern. Oder hat einfach grad keine Lust ...

24.5., BAYONNE, 6.15 UHR

Die Aussicht, heute Abend in irgendeiner Art von Schlafsaal in einem Refugio zu übernachten und morgen früh dann die Pyrenäen anzugehen, scheint mir im Moment wenig verlockend. Vorhin hab ich schon mit dem Gedanken gespielt, den Ratschlag von Paul zu befolgen und hier erstmal einen Ausruh- und Schreibtag einzulegen. Schließlich war das Chaos groß genug, aus dem ich gestern erst raus bin.

Die Nacht im Liegewagen auf der Fahrt quer durch Frankreich war nicht wirklich erholsam gewesen. Verständlich, dass dann solche Gedanken kommen. Vorher war ich mit Packen und Organisieren mehr als genug beschäftigt, jetzt hatte ich plötzlich Zeit zum Nachdenken. Ein altes Sprichwort sagt: Wenn die Mühle stillsteht, wacht der Müller auf. Ziemlich extrem habe ich das einmal in Dänemark erlebt. Es war ein alter Traum von mir: Ich wollte nach Skagen, also an die Nordspitze des Landes, wo Nord- und Ostsee sich treffen. Vom Schwarzwald aus, wo ich damals wohnte, ist das schon ganz schön weit. Ich übernachtete am zweiten oder dritten Abend in einem Hotel ca. hundert Kilometer hinter der dänischen Grenze. Dort hatte ich einen regelrechten Zusammenbruch, ich heulte, wollte heim, hatte keine Kraft mehr. In so einer Situation braucht es den gesunden Menschenverstand und das Akzeptieren von Realitäten: Nein, in einer Nacht würde ich die mehr als tausend Kilometer sowieso nicht fahren können. Also: Hier bleiben, einmal drüber schlafen – und morgen früh entscheiden. Und wenn ich dann immer noch nach Hause will, fahre ich heim. Am nächsten Morgen sah die Welt schon anders aus – und ich kam doch noch in Skagen an.

Auch damals in Bayonne bin ich dem spontanen Impuls zu bleiben nicht gefolgt. Um die Uhrzeit hätte mich sowieso kein Hotel aufgenommen. Und nach einem Kaffee und einem Croissant war ich dann auch bereit für den nächsten Schritt, Saint-Jean-Pied-de-Port.

Es kann der »innere Schweinehund« sein, der sich in solchen Situationen zu Wort meldet. Und dahinter mag manchmal ganz einfach Bequemlichkeit und Lethargie stecken, vielleicht aber auch Angst vor einer ungewohnten Situation oder geheime Sorgen und Bedenken, die bisher noch zu wenig Raum bekommen haben.

6.6., *HORNILLOS, 16.00 UHR*

Heute Morgen entsprach mein innerer Schweinehund etwa der Größe eines Bernhardiners. In der Nacht hatte ich das Knie immer mal wieder gespürt – und die Verlockung war groß, doch auf den Bus umzusteigen. Das wunderschöne Wetter hat den Ausschlag gegeben – jetzt wird weitergelaufen, so ein Wetter lässt man nicht einfach so vorbeiziehen.

Manchmal hilft dann ein aufmunterndes Wort:

26.6., *ALTO DE POIO, 19.30 UHR*

Vor dem Aufstieg zum Cebreiro haben wir eindeutig einen mentalen Durchhänger. Christiane und ich sitzen auf einer Steinmauer – und uns fehlt grad jegliche Energie. Ein Mann kommt vorbei, lacht uns herzlich an und sagt einfach »venga, venga, chicas!« – »kommt, kommt, auf, Mädchen!« – und dann konnten wir plötzlich wieder weiter.

An solche Erfahrungen musste ich einige Jahre später denken. Ich hatte Jane im Juni 2001 kennengelernt. Sie ist ein paar Jahre älter als ich, kommt ursprünglich aus Polen, ist ziemlich sturmtauglich und lebenserprobt – und hat 140 Quadratmeter Segelfläche. Damals hatte sie ihren Heimathafen in Wismar, und ich traf sie zuerst bei einem kleinen Törn auf der Ostsee.

Während der Fahrt teilte Micha, der Skipper, Visitenkarten aus und wies auf Mehr-Tages-Fahrten mit der Jane hin. Wieder zu Hause klickte ich im Internet die entsprechende Website an. Anfang August wurde ein Törn als Zubringer zur Hanse-Sail in Rostock angeboten, dem

Treffen der Großsegler. Das wäre toll! Mit einem Segelschiff zum Treffen der Segelschiffe!
Ich befragte meinen Terminkalender und den Pfarrer – und meldete mich kurzerhand an.
Aber je näher der Termin rückte, umso mehr Bauchweh bekam ich. Fünf Tage mit Leuten, die ich nicht kenne, auf engstem Raum beieinander? War ich denn des Wahnsinns? Und was, wenn Sturm käme? Oder fünf Tage Regen? Ich schwankte zwischen Absagen und Hinfahren – und war bis zum letzten Tag unentschlossen. Mach ich's – oder mach ich's nicht? Kneifen wollte ich eigentlich nicht – aber so rechte Urlaubsstimmung wollte auch nicht aufkommen. Und noch auf der Fahrt nach Mecklenburg-Vorpommern überlegte ich, ob ich jetzt nicht einfach eine Autopanne habe ...
Mir half die Erinnerung an meinen Weg nach Santiago de Compostela – sechs Wochen, auf die ich mich auch eingelassen habe, ohne zu wissen, was da auf mich zukommt. Und mit einer gewissen Schicksalsergebenheit ging ich dann an Bord. Sozusagen mit dem Leben abgeschlossen – jetzt würde man sehen, was passiert ...
Es wurden fünf unvergessliche Tage! Für mich war alles neu und fremd – ich wusste ja noch nicht mal, ob ich seekrank werden würde. Und je neuer und fremder etwas ist, umso eher ist alles in mir bereit, die Eindrücke ganz offen aufzunehmen. Wenn ich nicht mit Angst reagiere, sondern mit Neugier ...
Ich kann mich entscheiden – für die Herausforderungen des Lebens oder die Bequemlichkeit. Für die Wanderschuhe oder die Pantoffeln. Für Rucksack oder Eigenheim.
Wahrscheinlich braucht es beides in meinem Leben – das eine und das andere.

Aber die Pantoffeln und das Eigenheim haben etwas durchaus Verführerisches – und gerade weil der Aufbruch ins Neue und Unbekannte manchmal Angst machen kann, neige auch ich gelegentlich dazu. Aber dann bleiben wir sitzen in der Schule des Lebens ...

Der innere Schweinehund kann einem manchmal das Leben ganz schön schwer machen. Er meldet sich immer zur unpassenden Zeit und hat in der Regel sehr überzeugende Argumente. Man kann ihm natürlich kampflos das Feld überlassen – aber dann meldet sich anschließend garantiert sein Gegenspieler, das »innere Leistungsschwein«, zu Wort und macht einem ein schlechtes Gewissen.

Erfolgversprechender könnte da schon die Empfehlung einiger Motivationstrainer sein: mit dem inneren Schweinehund Gassi gehen. Das heißt, ich lasse ihn nicht frei laufen, sondern nehme ihn an die Leine und gehe mit ihm raus, also in eine andere Umgebung. Ich ignoriere ihn nicht, sondern spreche ihn an, nehme ihn ernst, setze mich mit seinen Argumenten auseinander – aber überlasse ihm nicht die Entscheidung, ob, wann und wohin wir gehen. Na ja, über kleine Zugeständnisse kann man ja durchaus reden ...

Übrigens ansprechen: Es gibt den durchaus ernst gemeinten Tipp, seinem Schweinehund einen Namen zu geben – klar, dann kann man sich auch besser miteinander unterhalten.

Ich habe meinen Günter genannt ...

Erinnerungen: Saint-Jean-Pied-de-Port

24.5., *SAINT-JEAN-PIED-DE-PORT, 12.40 UHR*

Die Fahrt hierher war schön, Saint-Jean ist ein hübsches, kleines Städtchen – und die Begegnung mit Madame Debril ist schon eine ganz eigene. Aber der Reihe nach ...
Bayonne selbst erweist sich zu dieser frühen Morgenstunde als nicht so hübsch, dass es mich dort gehalten hätte – aber wer weiß, vielleicht ist die Spannung in mir auch nur zu hoch, endlich auf den Weg zu kommen. Lange genug habe ich ja daraufhin gelebt.
So sitze ich um 10.00 Uhr im Zug, der sich beschaulich ein schönes Tal hinaufarbeitet, das erste Lust zum Wandern macht. In Saint-Jean bin ich erstmal ein wenig ratlos und unschlüssig – heute ist Samstag, wenn ich morgen wirklich in die Pyrenäen will, muss ich irgendwas zum Essen und Trinken einkaufen – wie lange haben denn die Geschäfte hier offen? –, und ich brauche den Pilgerausweis und ein Bett für die Nacht.
Die Lebensmittel scheinen mir im Moment das Vorrangigste zu sein – und so halte ich beim ersten Geschäft und kaufe ein: Wasser, Äpfel, Brot, Wurst, Schokolade. Dann gönne ich mir einen Kaffee, bevor ich Madame Debril suche, die hier das Pilgerbüro leitet. Eigentlich wäre es mir auch ganz lieb, wenn ich jetzt wüsste, wo ich heute Nacht schlafen werde. Vor ihrem Haus treffe ich zwei deutsche Fahrradpilger, mit denen ich in Bayonne

schon kurz gesprochen hatte – ich klingle, und versuche, mich mit meinem schlechten Französisch irgendwie verständlich zu machen. Es scheint nicht besonders erfolgreich zu sein – Madame Debril beklagt sich bei den beiden anderen Deutschen, dass doch immer Leute kämen, die einen Pilgerausweis wollten – und keinen Begleitbrief dabeihätten. Als ich kapiere, worum es geht, protestiere ich lautstark – schließlich habe ich ein Empfehlungsschreiben von meinem Pfarrer. Madame Debril wird plötzlich sehr freundlich, bittet mich in ihr Wohnzimmer hinein, entschuldigt sich für ihr Chaos, das sei halt so, wenn man das Büro im Wohnzimmer habe. Und es sieht dort wirklich sehr interessant aus. Schließlich füllt sie den Pilgerausweis aus, strahlt, als ich angebe, aus religiösen Gründen zu pilgern. Dafür will sie mich dann aber nicht mehr ins Refugio lassen – da wären Menschen, die rauchen und trinken, das wäre nichts für einen wahren Pilger. Ich brauche viel Überzeugungskraft, um sie umzustimmen – schließlich sei ich ja allein unterwegs, und da wäre es wenigstens am Abend für mich wichtig, mit anderen Pilgern ins Gespräch zu kommen. Schließlich nickt sie gnädig ihr »ja«, nimmt meinen Geldschein entgegen und lässt mich ziehen, um selbst einkaufen zu gehen.
Ich gehe die wenigen Meter zum Refugio hinauf, öffne vorsichtig die Tür – und finde alles so, wie es Madame Debril gesagt hat: Der Schlüssel liegt auf dem angegebenen Platz und mit ihm lässt sich ein kleiner Raum aufschließen, in dem drei Stockbetten stehen. Es wirkt irgendwie klein, aber noch bin ich unsicher und zugleich voll Ehrfurcht vor dem Weg, es wird schon stimmen und passen. Und schlimmer als die Nacht im Liegewagen kann es ja wohl kaum werden.

Ich lege meinen Rucksack auf eines der unteren Betten – und atme einmal tief durch. Jetzt kann's losgehen …

SANTO DOMINGO
DE LA CALZADA

Mit Beppo auf dem Jakobsweg

Wie hatte ich damals einige Stunden vorher noch geschrieben? »Schlimmer als die Nacht im Liegewagen kann es ja wohl kaum werden« – um Mitternacht saß ich vor dem Refugio. Aus dem kleinen Schlafsaal kam ein herzhaftes Schnarchen, das ich sogar auf der anderen Straßenseite noch hörte. An schlafen war überhaupt nicht zu denken. So gehen mir die unterschiedlichsten Gedanken durch den Kopf:

Ich bin auf dem Weg. Fast kann ich es selbst noch nicht glauben – und ganz ehrlich gesagt, ich habe auch ein bisschen Angst. Manchmal kann man schon ein wenig erschrecken, wenn Träume plötzlich wahr werden, Wünsche sich erfüllen. Plötzlich wird es konkret – und vielleicht wird es ganz anders, als ich es mir gedacht habe? Vielleicht bleibt die Wirklichkeit hinter meinen Bildern zurück, und ich bin nur enttäuscht? Und selbst, wenn sich alles so erfüllt, wie ich es mir vorgestellt habe, werde ich anschließend einen Traum weniger haben, der mich lange Zeit begleitet hat. Ja, manchmal ist es gar nicht so einfach, wenn etwas wahr wird. Mir fällt in diesem Moment der Satz eines Freundes ein: »Sei vorsichtig mit dem, was du dir wünschst und worum du betest – es könnte in Erfüllung gehen!«

RONCESVALLES, VON NORDEN DURCH DEN WALD KOMMEND

Das ist was Großes, was ich mir da vorgenommen habe, und ich zweifle ein bisschen an mir selbst. 780 Kilometer zu Fuß bis nach Santiago – wie soll das denn gehen? Das schaff ich doch nie! Da kommt mir plötzlich Beppo, der Straßenkehrer, aus der schönen Geschichte »Momo« von Michael Ende in den Sinn.[4] Er hat eine unübersehbar lange Straße vor sich, die er fegen soll. Beppo aber schaut immer nur auf das Nächste, was zu tun ist, also »Schritt – Atemzug – Besenstrich« – das aber beharr-

lich. Das hieße für mich: meine Schritte zwar auf Santiago ausrichten, aber für morgen nur Roncesvalles, den Zielort meiner ersten Etappe, in Blick nehmen. Mich tröstet dieser Gedanke ein wenig, und er macht mir Mut. Und ich glaube, das ist auch eine Erfahrung, die ich mir getrost in den Rucksack packen kann: mich von der Größe einer Aufgabe oder einer Herausforderung nicht lähmen zu lassen, sondern das Ziel vor Augen beharrlich Schritt für Schritt zu gehen.
Ich spitze die Ohren Richtung Refugio – tatsächlich, es ist ruhig geworden. Das ist die Chance! Wohlig-müde kuschle ich mich in meinen Schlafsack und kurz vor dem Einschlafen denke ich noch: Ich bin auf dem Weg – Schritt – Atemzug – Besenstrich. Ich freu mich drauf ...

Auf diese Erkenntnis konnte ich einige Monate später gleich wieder zurückgreifen. Ich hatte mich in Frankfurt für das Theologiestudium eingeschrieben, weil ich einfach neugierig geworden war und mehr über Glauben, Religion, Bibel & Co. wissen wollte. Und die Aussicht, mittelfristig eine halbe Stelle in Gemeinde oder Kirche mit der Freiberuflichkeit zu verbinden, fand ich eigentlich auch ganz interessant.

Als mir klar wurde, welche Fülle von Vorlesungen und Seminaren ich bis zum Abschluss brauchen würde, ganz zu schweigen von Latein, Griechisch und Hebräisch, wurde mir fast schwindlig. Aber dann fiel mir wieder dieser Abend in Saint-Jean ein und »Schritt – Atemzug – Besenstrich«. Ich suchte mir drei Veranstaltungen heraus, die am gleichen Wochentag lagen, und blockierte mir den Sommer 1998 für das Latinum – und fing einfach an.

Dass ich zwei Jahre später eine halbe Stelle in zwei Pfarrgemeinden in Viernheim auch ohne abgeschlossenes Theologiestudium bekommen würde, das konnte ich damals noch nicht ahnen.

Aber dieses Prinzip hat mich seitdem begleitet ... und es trägt. Nicht nur auf dem Camino.

Wenn jemand vertrauensvoll in der Richtung seiner Träume vorwärts schreitet und danach strebt, das Leben zu leben, das er sich vorstellte, so wird er Erfolge haben, von denen er sich in gewöhnlichen Stunden nichts träumen ließ.

HENRY DAVID THOREAU, US-AMERIKANISCHER SCHRIFTSTELLER UND PHILOSOPH (1817–1862)

Finden, was ich nicht suchte

Am nächsten Morgen ging es dann also los – in die Pyrenäen. Es sollte eine schwere Etappe werden ... und eine mit Konsequenzen ...

25.5., RONCESVALLES, 22.00 UHR

Der Abstieg in den Bergen nach Roncesvalles, 600 Meter auf 3 Kilometer, war fürchterlich. Ich bin müde, der Weg ist nass und glitschig – und die Abtei kommt und kommt nicht in Sicht. Ich mag nicht mehr, will nur noch ankommen. Und dann, auf dem glitschigen Lehmboden, zieht mir der Schlamm sauber den Boden unter den Füßen weg. Bevor ich richtig denken kann, liege ich auf dem Rücken mitten im Dreck. Mühsam schnalle ich den Rucksack los – und rauche in dem ganzen Chaos erst einmal eine Zigarette. Ich bin an Grenzen – und bin heute wahrscheinlich darüber hinaus gegangen. Ich inspiziere mich und den Rucksack – es scheint nichts Ernstliches passiert zu sein. Meine Knochen lassen sich alle schmerzfrei bewegen, die Hose ist eingesaut, der Rucksack zeigt ein paar Spuren des unerwarteten Landemanövers.

In den nächsten Tagen zeichnete sich allmählich ab, dass der Sturz doch Folgen gehabt hatte, ein Knie tat zunehmend weh.

28.5., PAMPLONA, 17.30 UHR

Heute Morgen in der Laudes war ich an einem Vers aus dem Buch des Propheten Jesaja hängengeblieben: *Denn der Herr hat an dir seine Freude ... so freut sich dein Gott über dich* (DIE BIBEL, BUCH DES PROPHETEN JESAJA, KAP. 62, VERS 4 UND 5).

Ob Gott wohl auch seine Freude an mir hat, wenn ich durch Pamplona humple? Nein, Schmerzen habe ich keine mehr – aber das liegt wohl eher daran, dass das Knie mit einem Verband vollkommen ruhiggestellt ist. Die Straße nach Pamplona ging ja noch, aber der kleine Aufstieg in die Stadt tat einfach nur weh – und mir ist klar, da muss jetzt irgendwas geschehen. Also mache ich mich auf den Weg zum Gesundheitszentrum. Nach einer interessanten Verständigung mit Händen und Füßen stehe ich fünfzehn Minuten später wieder vor der Tür – mit einem dicken Verband um das Knie, der jegliches Anwinkeln und Beugen unmöglich machte. Ich wusste zwar noch immer nicht, was ich eigentlich genau hatte, aber die Aussage des Arztes »nicht laufen« und in einem mehrsprachigen Patientenführer die Zeile: »Den Verband dürfen Sie nicht abnehmen!« waren leider ziemlich eindeutig.

Ich setze mich auf eine Bank vor dem Gesundheitszentrum – und kann schließlich die Tränen nicht mehr zurückhalten. Nicht mehr laufen können, nicht wissen, was überhaupt los ist und wie lange das dauern wird (ich meinte, irgendwas von einer Woche erahnt zu haben) – damit ist klar, dass ich in der mir zur Verfügung stehenden Zeit auf keinen Fall die gesamte Strecke von Pamplona bis Santiago zu Fuß gehen kann ... so ein Mist aber auch ... alle Pläne sind erstmal durchkreuzt.

Es dauert etwas, bis ich mich wieder halbwegs gefangen habe und überlegen kann, was jetzt zu tun ist. Ich habe jedenfalls weder Lust, eine Woche in Pamplona zu verbringen, noch die Stadt zu verlassen, ohne mir den Stempel geholt und die Kathedrale gesehen zu haben. So interpretiere ich die Aussage des Arztes von »nicht laufen« in »nicht wandern« um – und humple los, auf der Suche nach einer Bar. Jetzt brauche ich erstmal einen Kaffee. Und muss doch noch einige Male die eine oder andere Träne aus den Augen wischen.
Zur Kathedrale muss ich zweimal – in Spanien halten auch die Kathedralen Siesta, von 13.30 Uhr bis 16.00 Uhr ist geschlossen –, aber es ist eine wirklich beeindruckend schöne Kirche! Als ich ins Refektorium trete, nimmt es mir fast den Atem, so fasziniert mich dieser Raum. Ich lasse den Kunstführer beiseite, mich interessieren in diesem Moment keine Einzelheiten, ich will spüren. Und ich spüre Licht und Raum und Weite, ein »dem Himmel entgegenstreben«, Klarheit und Struktur und Farben im dämmrigen Licht. Ich glaube, in diesem Moment habe ich mich entschieden: Nein, ich breche nicht ab, ich fahre nicht nach Hause, egal, wie es mit dem Knie weitergeht, notfalls fahr ich mit dem Bus nach Santiago – aber dafür gibt es hier in Nordspanien viel zu viel Schönes zu sehen.

PAMPLONA, 20.00 UHR

Die Tränen sitzen zwar noch sehr locker – aber ich fange immerhin an, mich mit meinem Schicksal zu versöhnen. Ja, es tut weh, meinen Traum, diese Idee, auf die hin ich so lange gelebt habe, loszulassen – da zerbricht etwas. Und das tut weh, verdammt weh – und ich weine auch jetzt, wenn ich das schreibe.

DIE BRÜCKE VON PUENTE LA REINA
ÜBER DEN RIO ARGA

Interessant finde ich die Frage: Wozu das Ganze? Welchen Sinn macht das alles, was ich hier grad schmerzhaft am eigenen Leib erlebe?

Am nächsten Tag bin ich dann mit dem Bus nach Puente la Reina weitergezogen, Pamplona war mir zu laut – und ich wollte unbedingt die berühmte Brücke sehen. In der Nacht hatte ich noch einen spannenden Traum:

29.5., PUENTE LA REINA, 10.30 UHR

Ich leitete ein Seminar oder hatte einen Vortrag, das war nicht so eindeutig. Aber plötzlich hörte ich mich sagen: »Sucht und ihr werdet finden – aber es wird nicht gesagt, ob das, was ich finden werde, das ist, was ich gesucht habe. Klopft an – und euch wird geöffnet – aber es kann auch die Nebentür sein.«

Das bezieht sich auf einen Text aus der Bibel: *Bittet und es wird euch gegeben; sucht und ihr werdet finden; klopft an und es wird euch geöffnet!* (DIE BIBEL, MATTHÄUS-EVANGELIUM, KAP. 7, VERS 7). An dem Morgen verstand ich die Botschaft des Traumes noch nicht, aber er begleitete mich in den folgenden Tagen – und ich hatte ja jetzt genug Zeit zum Nachdenken, weil ich per Bus unterwegs war. Aber finden, was ich nicht gesucht hatte?

Ein erster Gedanke, der mir kommt: Der Körper holt sich das, was er braucht. Ich bin aus dem absoluten Stress aufgebrochen, habe sogar schon vorher zwei Kilo abgenommen. Der Körper braucht Ruhe, die Seele will nachkommen. Beides ist in dieser »Zwangspause« möglich – und das tut mir auch gut. Ich schlafe und schreibe viel – und spüre, dass ich mich neu für das öffnen kann, was dieser Weg mir sein will. Ob das so möglich gewesen wäre, wenn ich einfach hätte weitergehen können?
In diesen Tagen aber wird mir noch etwas anderes wichtig. In meiner Beratungstätigkeit habe ich es oft mit verletzten und verwundeten Menschen zu tun. Wie aber kann ich mich mit ihnen zusammen auf einen Weg machen, der vielleicht zur Heilung führt, wenn ich selbst nicht weiß, was Gebrochenheit heißt, was Verletzung

bedeutet? Ich erlebe im wahrsten Sinn des Wortes hautnah, wie es sich anfühlt, gelähmt zu sein, nicht gehen zu können, in der Bewegung und im Wollen eingeschränkt zu sein. »Helfer«, die nicht um ihre eigenen Verwundungen wissen, können nicht heilen. Sie können von oben herab Ratschläge erteilen – aber das hilft nicht. Verletzte Menschen brauchen andere, die mit ihnen gehen und die wissen, wie das ist, wenn es weh tut.

Meine Pläne waren durchkreuzt worden – aber dafür war mir eine wichtige Erfahrung geschenkt worden. Ich hatte etwas gefunden, was ich gar nicht gesucht hatte. Und es erinnerte mich an eine Situation, die einige Jahre vorher passiert war und deren Sinn sich mir auch erst rückblickend erschloss:

Aufgrund der Krankheit meiner Eltern in Wiesbaden hatte ich mich entschieden, aus dem Schwarzwald in Richtung Rhein-Main-Gebiet zu ziehen, um bei Bedarf einfach in der Nähe zu sein. Ich suchte eine Eigentumswohnung – und machte drei Kreuze, als ich endlich etwas Passendes gefunden hatte.
Einen Tag vor dem Termin beim Notar klingelte das Telefon, die Maklerin war dran und sagte ganz behutsam: »Setzen Sie sich am besten erst mal!« Die Eigentümer hatten die Wohnung an jemand anderen verkauft, der ihnen eine erhebliche Summe mehr geboten hatte. Die ganze Suche konnte von vorne losgehen. Da wird ein Satz wie »Suchet und ihr werdet finden!« zum blanken Hohn. Damals haderte und schimpfte ich – auch mit Gott.
Die Maklerin hatte wohl auch ein schlechtes Gewissen und bediente mich eifrig mit weiteren Angeboten. Bei

einem wurde ich besonders neugierig, es war zwar viel zu weit von Mainz weg, aber in der Ausschreibung stand: »Der Bauherr ist Ihnen gerne beim Umzug behilflich!« Die Wohnung war uninteressant, aber den Bauherrn, der so was anbot, den wollte ich sehen. Und so machte ich einen Termin aus, verliebte mich in eine wunderschöne Dachgeschosswohnung, die damals von den Mauern gerade mal einen Meter hoch war – und landete in einem kleinen rheinhessischen Dorf in der Nähe von Alzey. Und ich habe mich später oft gefragt: »Was um alles in der Welt mache ich eigentlich hier?«
Drei Jahre später kam Angelo Stipinovich, ein südafrikanischer Priester, in unsere kleine Diasporagemeinde – und wir lernten uns kennen und schätzen. Dass ich später in Viernheim als pastorale Mitarbeiterin mit Angelo zusammen in Aufgabenbereichen tätig sein durfte, die mich unsagbar erfüllten, dass ich für einige Zeit ehrenamtlich in Südafrika tätig war, lag nur daran, dass jemand eine Wohnung an einen anderen verkauft hatte. Mein Leben hätte vollkommen andere Wege genommen, wenn meine Bitten damals erfüllt worden wären.
Dazu passt ein Wort von Konrad Adenauer: »Die Menschen leben alle unter dem gleichen Himmel, haben aber nicht alle den gleichen Horizont.« Und das gilt auch für Gott: Sein Horizont ist weiter, ist größer als meiner. Er agiert in Zeiträumen und Dimensionen, die meinem begrenzten Denken verschlossen bleiben. Manchmal ist das, was wir uns wünschen, nur von unseren kleinen Vorstellungen bestimmt. Gottes Horizont ist größer.
Ganz ehrlich gesagt: Ich bin froh, dass Gott manche Bitten in meinem Leben nicht so erfüllt hat, wie ich es gerne gehabt hätte. Seine Ideen waren eindeutig besser.

Wie aber ging es auf dem Camino weiter? In den folgenden Tagen bin ich etappenweise mit dem Bus weitergepilgert, Richtung Burgos ...

4.6., *BURGOS, 18.30 UHR*

Morgen geht es wieder los! Mit dem Laufen klappt es ganz gut. Im Hotel war der Aufzug ausgefallen, so dass ich die Treppe gehen musste. Ich bin zwar langsam, aber ganz normal die beiden Stockwerke runter und wieder hoch gegangen. Ich werde es gemütlich angehen, 9,5 Kilometer bis Tardajos, vorwiegend Straße, keine Steigung. Und bis Fromista sind die Refugios im bequemen 10-Kilometer-Abstand, das müsste doch irgendwie gehen.

5.6., *VILLALBILLA, 12.00 UHR*

»... und man verlässt Burgos ...« – so heißt es lapidar im Wanderführer. Heute Morgen hat dieser einfache Satz für mich eine ganz tiefe Bedeutung. Es ist ein gutes Gefühl, den Rucksack auf die Schultern zu nehmen, aufzubrechen, loszuziehen, den Weg wieder unter die Füße zu nehmen. Meinen Aufbruch an diesem Morgen erlebe ich besonders intensiv. Ja, ich bin wieder auf dem Weg – und es tut gut, die gelben Pfeile zu sehen, die die Richtung weisen.

Also ich bin wieder unterwegs – aber was ist mit den anderen, die ich immer mal wieder getroffen habe?

11.6., *CARRION DE LOS CONDES, 9.30 UHR*

Als ich in der Bar sitze, glaube ich meinen Augen nicht zu trauen – da kommt doch Therese, die ich drei oder vier Tage vor mir wähnte, über die Straße. Tatsächlich – sie

ist es! Wir begrüßen uns herzlich, sind froh, einander zu sehen und zugleich ein bisschen verblüfft. Sie ist in Fromista krank geworden, hatte sich eine Infektion geholt und musste drei Tage pausieren. Wir sind uns beide einig darin, dass diese Krankheiten ein wichtiges Signal des Körpers sind, »to slow down«, das Tempo herauszunehmen. Und es ist schon auch überraschend, wie viele auf diesem Weg krank werden, Blessuren haben, die sie zum Innehalten zwingen. Und wenn man das so sieht, dann macht es wirklich überhaupt keinen Sinn, es dem Körper noch schwerer zu machen, indem man sich dagegen auflehnt, sondern dann ist es ratsamer, sich in die Krankheit hineinzugeben und die Botschaft des Körpers zu verstehen zu versuchen.
Heute fährt also nun Therese mit dem Bus – und ich wandere weiter. Schon seltsam, wie sich das alles umdreht.

Aber auch das ist nur die eine Seite.

16.6. LEON, 15.30 UHR

Was mich beschäftigt: Jeder hier auf dem Weg hat seine Verletzungen – die körperlichen sind nur leichter zu erkennen und zu behandeln. Die seelischen Verwundungen sitzen tiefer, die sieht man erst auf den zweiten Blick – und da sind die Menschen ein bisschen hilfloser, wie sie damit umgehen sollen. Manchmal scheint mir, als ob der Camino die fast unerfüllbare Aufgabe übernehmen soll, auf wundersame Art Heilung zu bringen – und vielleicht gerade für all diese seelischen Verletzungen. Die Geschichten der Menschen, die auf diesem Weg unterwegs sind, sind oft sehr traurig. Und es tut mir weh, mit dem konfrontiert zu werden, was Menschen einander antun können. Ich glaube, es braucht viel Liebe, damit diese Verletzungen ein wenig heilen können. Ob man wohl Verletzungen weglieben kann?

Das ist eine der Fragen, die ich in meinem Rucksack vom Camino mit nach Hause nehme. Und Verständnis dafür, was Verletzungen im Leben bedeuten können und was es heißen kann, wenn Pläne durchkreuzt werden.

Denn das ist nicht nur Chaos und Krise, sondern auch Chance und Möglichkeit. Es können sich andere Türen öffnen, die ich vorher nicht im Blick hatte. Alfred Delp, ein deutscher Jesuit, der im Widerstand gegen den Nationalsozialismus tätig war und 1945 hingerichtet wurde, sagt es sogar so: *Gott bewahre uns vor der Hornhaut der unheilbar Gesunden, vor jenem Menschentyp, vor dem selbst der Geist Gottes ratlos steht und keinen Eingang findet, weil alles mit bürgerlichen Sicherheiten und Versicherungen verstellt ist.*

Wenn einer ganz und gar heil wäre, der bräuchte nichts mehr. Wer verletzt ist, sich als hilfsbedürftig erfährt, der wird empfänglich für Zeichen der Nähe und dankbar für Zuwendung. Leid und Schmerz können Einfallstore für die Liebe Gottes werden. Denn seine Zusage gilt: *Der HERR heilt, die gebrochenen Herzens sind, er verbindet ihre Wunden* (DIE BIBEL, BUCH DER PSALMEN, PSALM 147, VERS 3).

Es geht dabei nicht um eine Verherrlichung des Leidens oder darum, es künstlich herbeizuführen. In unserem Leben gibt es von ganz allein genug davon. Und gerade dann brauchen wir die Nähe eines Gottes, der uns Heilung zusagt, sind wir angewiesen auf die Liebe Gottes, die sich uns zuwendet und uns durch all unsere Verletzungen hindurch erreicht. Es ist die Liebe des Gekreuzigten, die Liebe von einem, der Schmerz, Leid, Verlassenheit und Tod am eigenen Leib erfahren hat. Es ist eine solidarische Liebe, die uns unser Leiden nicht wegnehmen kann, aber bei mir ausharrt.

Es kann gut sein, dass auf meinem Weg nach Santiago dies die wichtigste Woche war, diese Tage, in denen der Körper sein Recht gefordert hat, ich mich mit meinen Verletzungen und Grenzen auseinandersetzen musste. Die Woche, in der ich etwas gefunden habe, was ich nicht gesucht hatte.

MOLINASECA – DIE MITTELALTERLICHE BRÜCKE UND DIE PFARRKIRCHE SAN NICOLAS DE BARI

Pilger sind wir Menschen …

So heißt es in einem neuen geistlichen Lied.[5] Wer pilgert, bricht auf und geht los – in die Fremde. Darauf deutet schon das Wort hin, es kommt vom lateinischen *peregrinus* und bezeichnet »den Fremden« oder jemanden, der in die Fremde zieht.

Je nach Naturell und Veranlagung mag es dem einen leichter fallen, sich auf Neues und Ungewisses einzulassen, eine andere zieht eher das Vertraute und Gewohnte vor. Als eine ganz praktische Kombination von beidem bieten sich heute Wohnmobile und Kreuzfahrtschiffe an – man »wohnt« im Vertrauten und ist doch gleichzeitig unterwegs. Manchen hilft es, mit jemand anderem auf dem Weg zu sein. Das »federt« das Fremde etwas ab. Im Internet gibt es sogar Foren, in denen Mitpilgerinnen oder Mitpilger gesucht werden. Ich konnte immer gut zu etwas Neuem aufbrechen, auch alleine. Ob es eventuell damit zu tun hat, dass ich irgendwie heimatlos aufgewachsen bin?

Meine Mutter kommt aus Ostpreußen, mein Vater aus Schlesien – und nach den Wirren des Zweiten Weltkriegs haben die beiden sich in Wiesbaden wieder getroffen. Die Erinnerung an ihre Heimat haben meine Eltern immer wachgehalten – und das war eben nicht

Wiesbaden, sondern das war ein Ort, »an den man nicht mehr hinkann«. Aber eine Heimat, die man nicht kennt und wo man nicht hinkann, ist irgendwie keine Heimat. Nein, es war mir als Kind, als junger Mensch nicht bewusst – und ich habe auch nicht darunter gelitten. Wenn man etwas nicht erlebt hat, kann es einem auch nicht fehlen.

Aber mag sein, dass es da doch irgendwie eine Sehnsucht nach Geborgenheit, einem Zuhause gibt. 1979 zog ich vom Rhein-Main-Gebiet in den Schwarzwald – und dort habe ich genau das nachgeholt: Ich habe mich beheimatet. Ich habe mich in eine Landschaft verliebt, habe die Menschen mit ihrem Dialekt und ihrer Art zu leben schätzen gelernt, fühlte mich zu Hause, war vertraut mit dem Landstrich zwischen Kinzig, Dreisam und Vogesen. Ich lebte gern dort – und doch war es mir nicht bewusst. Das wurde mir erst Jahre später klar, als ich nach Rheinhessen umgezogen war …

… eine vollkommen andere, damals für mich spröde Landschaft. Dort sprach man anders, lebte anders, ich kannte keinen Menschen – und ich fühlte mich irgendwie verloren, auch wenn ich nicht verstand, warum das so war.
Bewusst wurde mir das bei Wanderexerzitien mit den Pfadfindern im Elsass. Ich atmete auf, als ich in der bekannten Landschaft war, den Dialekt wieder hörte, das ganz besondere Licht, das dort am Abend über dem Rheintal liegt, regelrecht in mich aufsog. Hier war ich zu Hause. Hier hatte ich Heimat gehabt – und wieder war sie mir genommen worden. Ohne bösen Willen, ohne Absicht – aber meinen Eltern zuliebe hatte ich einen mir

vertrauten Lebensbereich, in dem ich mich wohlfühlte, aufgegeben.

Wir wanderten schweigend den Odilienberg hinauf – und ich dachte nur: Ja, aber – wo kann ich denn dann zu Hause sein? Wer oder was hält mich, trägt mich – wenn alles andere wegfallen kann? In diesen Tagen begleitete uns eine Stelle aus der Bibel, aus dem Brief an die Hebräer – und sie fiel genau in mein Fragen hinein:

Aufgrund des Glaubens gehorchte Abraham dem Ruf, wegzuziehen in ein Land, das er zum Erbe erhalten sollte; und er zog weg, ohne zu wissen, wohin er kommen würde. Aufgrund des Glaubens siedelte er im verheißenen Land wie in der Fremde und wohnte mit Isaak und Jakob, den Miterben derselben Verheißung, in Zelten; denn er erwartete die Stadt mit den festen Grundmauern, die Gott selbst geplant und gebaut hat. Im Glauben sind diese alle gestorben und haben die Verheißungen nicht erlangt; sondern sie nur von fern geschaut und gegrüßt und sie haben bekannt, dass sie Fremde und Gäste auf Erden sind. Und die, die solches sagen, geben zu erkennen, dass sie eine Heimat suchen. Hätten sie dabei an die Heimat gedacht, aus der sie weggezogen waren, so wäre ihnen Zeit geblieben zurückzukehren; nun aber streben sie nach einer besseren Heimat, nämlich der himmlischen (DIE BIBEL, BRIEF AN DIE HEBRÄER, KAP. 11, VERSE 8–10.13–16).

Damals habe ich für mich ganz neu Gott gefunden. Er wurde zur Antwort auf mein Suchen und meine Heimatlosigkeit. Meine Sehnsucht hat einen Namen bekommen und meine Heimat einen Ort.

Der allerdings ist auf keiner Landkarte zu finden.

Interessanterweise kennen alle großen Weltreligionen das Pilgern als eine Form, dieser Suche nach einer Heimat in Gott so einen Ausdruck zu geben. Abraham, der

Stammvater der drei monotheistischen Religionen Judentum, Christentum und Islam, gilt dabei als Ur-Pilger. Zu ihm spricht Gott:

Geh fort aus deinem Land, aus deiner Verwandtschaft und aus deinem Vaterhaus in das Land, das ich dir zeigen werde! Ich werde dich zu einem großen Volk machen, dich segnen und deinen Namen groß machen.
DIE BIBEL, BUCH GENESIS, KAP. 12, VERSE 1–2

Es kann übrigens gut sein, dass Sie die Schriftstelle vorhin an ein Lied erinnert hat, das man bei christlichen Bestattungen immer mal wieder hört, »Wir sind nur Gast auf Erden«.[6] Schade eigentlich, dass man es nur dort hört, denn es greift das Unterwegs-Sein im Leben auf:

Wir sind eingeladen zum Leben, wir dürfen das Leben feiern, aus vollen Zügen! Gott selbst ist der große Gastgeber! Aber zugleich – wir sind nur Gast. Die Erde gehört uns nicht, wir haben sie pfleglich und sorgsam zu behandeln, achtsam mit ihr umzugehen. Wir sind nur zu Besuch hier. Daraus aber kann eine Sehnsucht werden, die uns aufbrechen lässt: »... und wandern ohne Ruh«. Dieser Weg ist nicht immer einfach, nicht immer leicht zu gehen, »... mit mancherlei Beschwerden«. Aber, und genau das ist der springende Punkt, das Entscheidende: »... der ewigen Heimat zu«. Ich gehe nicht um des Gehens willen, ich habe ein Ziel. Die Vorläufigkeit meines Lebens mündet in die Ewigkeit, und dort werde ich dann zu Hause und angekommen sein.
Immer wieder erzählt die Bibel davon, dass einer aufbricht und losgeht, auf eine Verheißung hin. Er verlässt das Vertraute, richtet sich nur vorläufig ein, verwechselt

das Vorläufige nicht mit dem Endgültigen. Losgehen, ausgerichtet sein auf etwas, das unsere Wirklichkeit übersteigt – und der Sehnsucht trauen.

Vielleicht ist das eine gute Beschreibung, was »pilgern« ist. Denn Pilgern hat immer etwas mit Religion im umfassenden Sinn zu tun, mit der Suche nach etwas Größerem, Anderem. Wenn jemand eine Alpenüberquerung macht, dann wandert er, aber pilgert eben nicht. Das Ziel des Pilgers ist in der Regel ein wichtiger Glaubensort. Und wer in Gott zu Hause ist, der kann genauso gut auch unterwegs sein.

Zurück auf dem Weg nach Santiago:

30.5., *PUENTE LA REINA, 21.00 UHR*

Als ich mich im letzten Advent mit dem Thema »Heimatlosigkeit« beschäftigte, sagte ein Freund mal sinngemäß: Wer aufbricht, die Heimat verlässt, ist auch irgendwie stark. Und wenn solche Menschen zu denen kommen, die »zu Hause« geblieben sind, kann das wiederum Angst machen und Abwehr erzeugen.

Das ist ja eigentlich paradox, und ich bin auch damals schon darüber gestolpert: Ich bin hier ganz allein in der Fremde, ohne große Möglichkeiten der Verständigung, abhängig vom »good will« derer, die hier zu Hause sind, fühl mich schwach und verletzbar – und erlebe diejenigen, die hier zu Hause sind, als stark, mächtig, sicher. Aber inwieweit bin ich möglicherweise zugleich in meiner Schwachheit eine Anfrage an ihre Lebensform? Hier ziehen am Tag 40, 50 Pilger durch – eine permanent installierte Anfrage für diejenigen, die hier leben. Wie lebt man richtig? Und wer lebt richtig? Haben die recht, die hier hindurchziehen, oder haben die recht, die hier

wohnen und bleiben und gar nicht auf so verrückte Ideen kommen? Zwei Welten treffen aufeinander, zwei verschiedene Weisen, das Leben zu leben.
Ich kann mir gut vorstellen, dass Menschen, die nicht in sich ruhen, nicht gefestigt sind, auf die durchziehenden Pilger auch mit Abwehr reagieren müssen – und dass andererseits für manche Pilger die Versuchung groß sein mag, irgendwo zu bleiben. Das Anders-Sein des Anderen stellt immer die eigene Identität in Frage – oder stärkt sie, je nachdem. Ich erlebe im Moment die Spannung in mir – Pilgerin sein, ohne gehen zu können, unterwegs sein zu wollen und doch bleiben zu müssen, mich mit einem Ort vertraut machen und doch in der Fremde sein, Bleibende zu sein und andere vorbeiziehen zu sehen.

Und, spannende Frage, ist ein Pilger, der grad nicht laufen kann und in der Gegend rumsitzt, eigentlich noch ein Pilger? Was macht meine Identität als Pilger, als Pilgerin aus? Ich finde die Situation jedenfalls nicht gerade einfach für mich:

31.5., PUENTE LA REINA, 11.00 UHR

Heute ist mir nochmal meine doppelte Heimatlosigkeit bewusst geworden – alleine im fremden Land und inzwischen auch nicht mehr in der Pilgergemeinschaft drin, die ja auch trägt und hält. Das erinnert mich an meine Erfahrungen mit Heimatlosigkeit und der Beheimatung in Gott. Ich habe lange damit gehadert, dass ich in keiner festen Partnerschaftsbeziehung lebe und keine Kinder habe. Diese Lebensform macht aber zugleich auch anderes erst möglich. Kraft und Energien können anders eingesetzt werden. Damals habe ich den Zölibat mal »Sakrament der Heimatlosigkeit« genannt.

Übrigens, das mit dem »Nicht-willkommen-Sein« haben Christiane und ich massiv in Foncebadón erlebt, einem kleinen Dorf, kurz vor dem *Cruz de Ferro*. Das war damals ein Geisterdorf, das nur aus Ruinen bestand und offiziell unbewohnt war. Aber trotzdem lebte dort wohl ein Mann – und er jagte seine Hunde auf uns, warf mit Steinen und drohte uns. Und andere Pilger haben Ähnliches berichtet. Was muss in so einem Mann vorgehen, der da irgendwie sein Leben fristet und Tag für Tag Dutzende von Leuten vorüberziehen sieht, die anscheinend wochenlang Zeit haben, nichts zu tun – und das mit einer High-Tech-Ausrüstung, von deren Kosten er wohl ein Jahr lang leben könnte ...? Das kann schon zu Neid, Wut und Aggression führen.

Mein Fazit fast am Ende der Tage:

30.6., RUA, 23.00 UHR

Es war eine wichtige Erfahrung für mich, dass ich mich in eine mir fremde Welt und Kultur hineingegeben habe, eine andere Art zu leben ausprobiert habe, dass ich aufgebrochen und losgegangen bin – und all das nicht nur überlebt, sondern dabei sogar sehr intensiv gelebt habe. Der Weg hat mich vieles gelehrt, was ich noch gar nicht in Sprache bringen kann. Ich kann nur hoffen, dass es in mein Herz geschrieben wurde ...
Neugierig schlage ich die Schriftstellen nach, die für heute vorgesehen sind: *Die Füchse haben Höhlen und die Vögel Nester; der Menschensohn aber hat keinen Ort, wo er sein Haupt hinlegen kann* (DIE BIBEL, MATTHÄUS-EVANGELIUM, KAP. 8, VERS 20). Nachfolge ist auch immer Ruf in die Unbehaustheit, die Ungeborgenheit.

Pilger üben das ein ... wobei allerdings auch die scheinbare Unbehaustheit schon wieder zum Alltag werden kann.

NAVARRETE – ORTSSILHOUETTE
MIT BURGBERG

Von Wurzeln, Weite und Wind

Der Unterschied ist klein, aber fein: Manche suchen das Weite, indem sie auf den Jakobsweg gehen – sie ziehen sich aus einer Lebenssituation heraus, wollen einfach für eine gewisse Zeit verschwinden, sind sozusagen mal weg. Das ist durchaus legitim, aber dazu muss man nicht unbedingt nach Nordspanien reisen, das kann man auch im Schwarzwald. Man kann auf dem Camino aber auch die Weite suchen – und hat gute Chancen, sie dort zu finden. Na ja, wenn man von übervollen Refugios mal absieht …

Gleich am ersten Tag hat mich diese Weite regelrecht über meine Grenzen hinweg gezogen. Nach zwei Nächten, in denen ich fast nicht geschlafen hatte, reichten die Kräfte beim Anstieg in den Pyrenäen nicht, dazu kam das schlechte Wetter, und mein psychischer Zustand war wohl auch nicht allzu stabil. Kurz und gut, ich hatte mich gerade entschieden, umzukehren, zurück nach Saint-Jean-Pied-de-Port zu gehen, dort eine Nacht gescheit zu schlafen und es am nächsten Tag auf der anderen Route nochmal zu probieren.

25.5., RONCESVALLES, 22.00 UHR

Ich nehme den Rucksack auf die Schultern – und da kommt mir plötzlich eine Lebensweisheit meines Vaters

in den Sinn, der zu uns Kindern bei Spaziergängen oft gesagt hat: Kommt, wir gucken da noch um die Kurve – und dann kehren wir um. Also gut, man kann mich ja durchaus überzeugen. Es sind ca. 80 Meter – und ich gehe sie lustlos, müde.
Als ich um die Kehre biege, bietet sich mir ein unbeschreibliches Panorama: Bergketten, in den unterschiedlichsten Grüntönen, in den feinsten Abstufungen, Himmel und Weite und Wolken, eine Schafherde am Horizont, am Wegrand blühende Erika – und ein Asphaltweg, der sich ganz sanft den Bergrücken entlangschmiegt. Und wie von einer unsichtbaren Kraft gezogen gehe ich weiter, gebe mich in diese Weite hinein, spüre den Wind, schaue und bin, habe den Weg unter den Füßen, verstumme ...
Ja, es wird still in mir, ich staune voll Ehrfurcht, bin berührt von der Schönheit, traumverloren geht sich Schritt für Schritt ...
Stundenlang zieht es mich durch diese Berge, immer neue Ausblicke, dort grasen Schafe, auf dem Bergkamm Pferde, im Graben das Skelett eines Fohlens. Es ist unwirklich – ich fühl mich ausgesetzt, spür mich lebendig, verbunden und fremd zugleich. Die Weite macht mich weit, der Himmel hat keine Grenzen, es öffnet sich was in mir – und fast wie in Trance geht sich Kilometer für Kilometer.
Ich habe lange für diese Strecke gebraucht – aber ich denk mir, die körperlichen Grenzen waren nur eine Seite davon. Die Seele hat etwas gefunden, mit dem sie erst fertigwerden musste – Weite, Einsamkeit, Unendlichkeit ...

Und irgendwann am Abend bin ich dann doch noch in Roncesvalles angekommen. Aber diese faszinierende Weite hat mich in den nächsten Wochen begleitet. Zu den schönsten Etappen gehörten für mich die in der Meseta, die von vielen Pilgern wegen der scheinbaren Eintönigkeit und dem Ausgesetzt-Sein bei Regen oder brütender Sonnenhitze gefürchtet sind.

6.6., HORNILLOS, 16.00 UHR

Als ich die Kirche in Rabé de las Calzadas verlasse, hängen dunkle Wolken am Himmel – und ich denke noch, na ja, irgendwann muss mich der Regen ja mal erwischen. Aber es bleibt trocken – der Wind ist zu stark. Und so komme ich heute zu einer wunderbaren Wegstrecke – der Wind geht durch die grünen Getreidefelder wie Wellen auf einem Meer, ich laufe durch eine schier endlose Weite, alles blüht und ist kraftvoll grün, Sonne wechselt ab mit faszinierendem Wolkenspiel, es ist einsam und schön. Ich spür mich weit – diese Landschaft und dieser Himmel lassen keine Enge zu. Ich schaue und bin und gehe, komme zeitweise sogar in einen Rhythmus hinein. Fast scheint es mir, als ob es mich ginge ...
Auf der letzten Anhöhe vor Hornillos bleibe ich noch eine halbe Stunde sitzen, den Ort schon vor Augen, ich kann mich einfach nicht von dieser Weite lösen ...

Erklären kann ich es nicht, woher meine Liebe zur Weite kommt. Mag sein, dass sie ihre Wurzeln schon in meiner Kindheit hat. Wir wohnten in Wiesbaden mit vier Personen in einer Drei-Zimmer-Wohnung. Platzmäßig ging es da nicht gerade üppig zu. Aber das Haus lag oben am Philippsberg – wir wohnten im zweiten Stock, und vom Wohn- und dem Kinderzimmer aus ging der Blick weit über die Stadt bis hin zum Taunus. Auch von meiner ersten Wohnung in Gengenbach im Schwarzwald hatte ich eine weite Aussicht über das Kinzig- und das Rheintal, bei klarem Wetter konnte man am Horizont die Vogesen und das Straßburger Münster sehen. Vielleicht ist mir einfach deshalb die Weite vertraut? Und was macht eine solche Landschaft mit mir? Welche Resonanz erzeugt sie? Kann das abfärben?

11.6., CALZADILLA DE LA CUEZA, 16.30 UHR

Die Weite kann einen wirklich sehnsüchtig machen, sie öffnet mich. Über mir Wolkengebirge, Fetzen blauen Himmels, und wie selten zuvor spüre ich die Begrenztheit des Suchers der kleinen Kamera. Das lässt sich nicht einfangen – alles, was weitet, lässt sich nicht festhalten. Bevor es nach Calzadilla hinabgeht, halte ich inne, 200 Meter vor dem Ort. Noch deutlicher als in Hornillos, wo ich ja auch schon einmal auf einer Anhöhe saß und nicht so recht weiterziehen wollte, erlebe ich die Spannung in mir – ich will endlich in die Geschütztheit eines Refugios, will wissen, wo ich heute Nacht bin – und kann zugleich diese Weite nicht verlassen. Ich sitze eine halbe Stunde dort oben, schaue auf das Dorf hinab, bin müde, sehne mich nach einer Dusche – und komm doch nicht los von dort.

Durch Zufall habe ich gerade in diesen Tagen einen alten Brief gefunden, den ich im Sommer 2001 an den Skipper der Jane geschrieben habe, des Segelboots, mit dem ich auf der Ostsee unterwegs war. Und das Meer hat ja nun wirklich auch was mit Weite zu tun.

Der Alltag hat mich wieder. Und die Woche Ostsee scheint fast wie ein Traum zu sein, der nichts mit der Wirklichkeit zu tun hat. Ich bin froh um den Sonnenbrand auf der Nase und die blauen Flecken, sagen sie mir doch, dass ich nicht geträumt habe.
Zugleich ist in mir eine ganz tiefe Sehnsucht, eine Sehnsucht nach dieser unendlichen Weite, dem Wind, den Wellen, der Herausforderung. Und das hat mich wieder sehr an meinen Weg nach Santiago erinnert – da hab ich mich auch verloren in die Weite dieser spanischen Hochfläche, einer Landschaft, die mich nur fasziniert hat!
Damals ist mir das Gleiche passiert wie auf der Jane: Diese Unendlichkeit des Meeres und des Himmels, der Meseta in Spanien und der ziehenden Wolken über der Ostsee, die kann ich nur dann aushalten, wenn mich etwas hält. Deshalb ist das Ankommen im Hafen so wichtig – die Geborgenheit, die auf die Herausforderung folgt. Das ist vielleicht so, wie wenn ein kleines Kind sich die Welt erobert – und irgendwann, überwältigt von all dem Vielen und Neuen, sich in die Arme der Mutter kuschelt, um daraus die Kraft zu schöpfen, dann wieder loszugehen.

Wahrscheinlich braucht es beides – die Weite und die Übersichtlichkeit eines begrenzten und sicheren Raumes, die Herausforderung und die Geborgenheit. Und wenn ich nicht wüsste, dass da im Ort ein Refugio auf mich wartet und am Abend an der Ostsee ein sicherer Ankerplatz, würde mich die Weite eventuell doch etwas unruhiger machen. Und je größer das eine, umso notwendiger das andere:

Sturm auf der Ostsee ... der Wind kommt von vorn, Stärke 8, die Wellen haben drei Meter Höhe, die Gischt spritzt über das Deck. Der Skipper hat zusätzliche Leinen gespannt, damit keiner über Bord geht. Den würde man bei dem Seegang nicht mehr finden. Die Jane taucht tief in die Wellen ein. In den Gesichtern sieht man die Anspannung.
Als wir am Abend in Rostock einlaufen und schließlich anlegen, sitzen wir alle etwas näher beisammen und trinken den Cognac etwas bewusster.

Aber – am nächsten Morgen ist man zwar dankbar für die ruhige Nacht, sehnt sich aber schon wieder nach der Weite des Meeres, danach, wieder aufzubrechen und loszusegeln.

Vielleicht könnte die zu lernende Lektion in dem Fall heißen: erkennen, was mich hält und trägt. Und aus dieser Sicherheit heraus kann ich mich auf den Weg machen. Dann hab ich den Mut, mich zu öffnen, kann neue Herausforderungen annehmen.

Und das gilt nicht nur für den Camino oder den Segeltörn auf der Ostsee, sondern auch für Südafrika, die neue Stelle in Osnabrück und die Rente. Und möglicherweise wird dies auch eines Tages gelten, wenn die letzte Herausforderung ansteht.

Wenn ich mich von Gott gehalten weiß, dann trau ich mich, dann geh ich los. Und das haben Menschen über Jahrtausende immer wieder erfahren: *Mein Gott, mein Fels, bei dem ich mich berge, er führte mich hinaus ins Weite* (DIE BIBEL, PSALM 18, VERSE 3 UND 20).

Wachsen heißt: der Weite des Himmels sich öffnen und zugleich in das Dunkel der Erde wurzeln; dass alles Gediegene nur gedeiht, wenn der Mensch gleich recht beides ist: bereit dem Anspruch des höchsten Himmels und aufgehoben im Schutz der tragenden Erde.

MARTIN HEIDEGGER, DER FELDWEG[7]

Erinnerungen: San Bol

7.6., CASTROJERIZ, 16.30 UHR

Wir tranken in Hornillos noch einen gemütlichen Morgenkaffee und haben uns herzlich voneinander verabschiedet. An dem Tag hatten wir uns unterschiedliche Etappenziele gesetzt und würden uns wahrscheinlich am Abend nicht mehr sehen.

Schneller als erwartet bin ich dann doch in San Bol – im Wanderführer beschrieben als Notunterkunft für Pilger, immerhin mit Wasser und Bäumen, ohne Liegen, nicht sehr sauber. Na ja, denke ich mir, wenigstens wird man dort einen trockenen Platz finden, wo man den Rucksack abstellen kann. Am Weg steht ein großer Wegweiser, der auf San Bol aufmerksam macht. Ich muss doch lachen: Irgendein Spaßvogel hat mit Hand dazu geschrieben: Cafe – piscine – cocina, also Kaffee, Schwimmbad, Küche. Dass die diese Rumschmiererei aber auch nicht lassen können ...

Das kleine Haus liegt ca. 150 Meter abseits vom Weg. Als ich näherkomme, sehe ich hinter den Scheiben eine Bewegung, einen Moment lang kommt mir das Gespräch von gestern Abend in den Sinn, in dem Hortense, die Leiterin des Refugios in Hornillos, gesagt hat, man solle da nicht hingehen – wenn ich das Durcheinander von Spanisch, Englisch und Französisch richtig verstanden habe. Ein bisschen mulmig wird mir schon, aber dann denke ich, es sind sicher Doris und David, die Tee kochen – so eine Gelegenheit lassen die sich nicht entgehen. Beim Näherkommen sehe ich, dass das irgendwie ein interessanter Bau ist, ein kuppelartiges Gebäude mit einem flachen Anbau. Als ich um die Hausecke biege, halte ich verdutzt inne: Auf einer Bank vor der Tür liegt, ordentlich aufgereiht, sauber gespültes Geschirr – und aus der Tür kommt eine junge Frau, begrüßt mich und fragt: »Do you want a cup of coffee?« Ich bin ziemlich verblüfft angesichts der Aussagen meines Wanderführers – und muss mich ein bisschen zusammenreißen, um ein höfliches »that would be fine!« hinzukriegen. Ich nehme den Rucksack ab und trete ein, immer noch leicht verwirrt. Drinnen finde ich mich in einer Art Küche und Esszimmer wieder, auf einem Gaskocher brodelt Wasser in einem Topf, auf dem Tisch steht eine große Thermoskanne mit Kaffee. Rechterhand sind in einem großen Raum vier oder fünf Stockbetten, da gibt es einen mit Decken und Schnur improvisierten Kleiderschrank – alles sehr sauber und ordentlich. Und als ich nach links schaue, in diesen Kuppelbau, erinnert mich das sehr an eine Kapelle – hinten brennt in einem roten Glas eine Kerze, in der Mitte steht ein frischer Blumenstrauß, an der Seite steht ein großes Schachspiel, an der Wand ein großes Bild u. a. mit einem Templer darauf, die Kuppel selbst ist dunkelblau ausgemalt mit Sternen, an den Stirnseiten jeweils ein unterschiedliches Kreuz. Und – jetzt packt es mich aber endgültig – aus dem Kassettenrecorder kommt Musik, und zwar Loreena McKennitt mit ihrem Lied »The dark night«, ihrer Vertonung des Textes »Die dunkle Nacht« von Johannes vom Kreuz, das eines meiner Lieblingslieder ist und mit dem ich daheim oft bei Kursen arbeite.

Du meine Güte, wo bin ich denn hier auf einmal hingeraten? Mitten in Nordspanien, in einer Senke der Hochfläche, Loreena McKennitt und die Templer, Kaffee und Kekse ... ich fasse es irgendwie nicht.
Wenn ich das Sprachengemisch richtig verstanden habe, hat sich Luis zusammen mit einigen Frauen dieses »Notquartiers« angenommen und lebt den größten Teil des Jahres hier – und der Hund, der grad neugierig zur Tür hereinkommt, scheint sich auch dazugesellt zu haben.
Der Ort, die Atmosphäre hat was – dort hätte ich auch bleiben können – und wurde auch sehr herzlich eingeladen. Aber irgendwas ist mir auch fremd. So ziehe ich nach dem zweiten Kaffee wieder los, freundlichst verabschiedet und nicht ohne den Hinweis, dass die Strecke nach Hontanas aufgrund der Nässe schwierig zu gehen sei.
Übrigens: Nachdem sich schon der Kaffee und die Küche bewahrheitet hatten, war auch das Schwimmbad nicht gelogen – es war ein Brunnenbecken, mit 1 auf 2 Metern und 50 Zentimetern Tiefe sicher nicht allzu groß – aber immerhin. Dafür hatte es garantiert frisches Wasser.

Wenn nicht so, dann eben anders

Im Internet fand ich kürzlich eine interessante Beispielfrage aus Bewerbungsgesprächen einer großen Firma. Da wurde folgende Aufgabe gestellt: »Stellen Sie sich vor, Sie sind in einer Nacht mit Sturm und Regen im Auto unterwegs und sehen an einer Bushaltestelle drei Personen sitzen: eine alte Frau, die offenbar dringend medizinische Behandlung braucht, einen Freund, der vor Jahren einmal Ihr Leben gerettet hat, und ein Mensch, der so aussieht, als wäre er/sie der Mann/die Frau Ihrer Träume. Ein Platz ist in Ihrem Auto noch frei.«

Hm, wen nehme ich mit? Was möchten die eventuellen, zukünftigen Chefs hören? Eher die soziale, die treue und dankbare oder die leidenschaftliche Antwort? Schwierig. Was der Interviewer aber wirklich testen wollte, war etwas ganz anderes, nämlich die Fähigkeit, »um die Ecke zu denken«. Das tun wir in der Regel eher selten. Und so ist es auch nicht überraschend, dass nur einer von zweihundert Bewerbern auf folgende Idee kam: „Ich würde meinem Freund die Autoschlüssel geben, damit er die alte Dame ins Krankenhaus fahren kann. Dann würde ich zusammen mit der Frau meiner Träume auf den Bus warten.“[8]

Um die Ecke denken: Auf dem Camino musste ich diese Lektion lernen. Gleich am Anfang des Weges wurde ich mit etwas konfrontiert, womit ich nicht gerechnet hatte:

26.5., ZUBIRI, 20.00 UHR

Ein schöner, aber mühsamer Tag liegt hinter mir. Der Weg war stellenweise nur matschig, es gab riesige Wasserpfützen – immer wieder musste ich anhalten, überlegen, wie kommt man jetzt am besten an dieser Stelle vorbei? Ich habe mich an Zweigen und Ästen durchgehangelt – wenn mir jemand zugesehen hätte, hätte er sicher schallend gelacht oder vor Mitleid geweint. Meine Arme sind gut verschrammt. Irgendwie – ich hab den Camino nie mit Matsch und Dreck verbunden, aber genau das war er heute – matschig und dreckig. Dadurch komme ich überhaupt nicht in einen Laufrhythmus hinein – und das kostet viel Kraft.

Es brauchte dann aber nochmal 14 Tage und entsprechende Wege, bis es »klick« machte:

7.6., CASTROJERIZ, 19.30 UHR

Die ersten Kilometer hinter Hornillos waren mühsam, der Regen hat die Wege wieder in mittlere Schlammstrecken verwandelt. Es war anstrengend, die Füße immer wieder aus dem Matsch herauszuziehen, der zudem zentimeterdick an den Schuhen klebte und das Gehen schwer machte.
Nach der Rast in San Bol kämpfe ich mich wieder zur Höhe vor. Plötzlich sehe ich zu meinem größten Erstaunen mitten in dieser Einsamkeit ein Auto fahren. Richtig – eine Landstraße musste man ja noch queren. Ich hole den Wanderführer heraus: Ca. 200 Meter parallel zum

Camino führt eine Landstraße nach Hontanas, es ist ein bisschen weiter – aber nach den letzten Kilometern durch den Schlamm bin ich überzeugt, dass die Straße bestimmt sicherer, angenehmer und vielleicht sogar schneller ist. Und für das Knie ist es möglicherweise auch die bessere Variante. Als ich an der Straße ankomme und in einiger Entfernung auch noch einen Wegweiser entdecke, der in die entsprechende Richtung zeigt, ist die Entscheidung klar – ich wechsle auf die Straße. An diesem Vormittag habe ich was Wichtiges gelernt: Wenn der Camino sich als Schlammweg erweist, dann nehme ich eben die Strecken für die Radfahrer. Hauptsache, man kommt ans Ziel. Wenn ich die Lektion schon in den ersten Tagen gelernt hätte, wäre mir einiges erspart geblieben. Aber es ist schon interessant, wie fixiert man auf die vorgegebene Wegbeschreibung und -markierung ausgerichtet ist. Ich bin blind den gelben Pfeilen gefolgt – ohne zu überlegen, ob in der Situation vielleicht etwas anderes sinnvoller ist. Na gut – ich glaube, die Lektion sitzt …

Und so habe ich es dann auch gemacht: Bei schlechtem Wetter habe ich da, wo es möglich war, die Straße genommen und die gelben Pfeile erfolgreich ignoriert.

Aber zu eng oder zu einseitig denken, das kann immer wieder passieren. Als ich mich entschieden hatte, eine Zeitlang nach Südafrika zu gehen, kamen nach der ersten Euphorie die Fragen: Wie kann das denn gehen? Was könnte ich dort arbeiten?

Mir war relativ schnell klar, dass ich nicht einfach die Dinge, die ich hier tue und womit ich Geld verdiene, auf Südafrika übertragen kann. Ich bin dort ein »Niemand«, eine Fremde, und keiner wartet darauf, dass ich komme. Ganz zu schweigen davon, dass ich eine Arbeitserlaubnis brauche – und die wird niemandem erteilt, der etwas tut, was auch von Südafrikanern gemacht werden kann. Ich sprach mit Freunden – und eines der spannendsten Gespräche hatte ich mit Alexander Holzbach, einem Pallottinerpater aus Limburg, der ganz spontan reagierte und sagte: »Was willst du in Südafrika? Wir brauchen dich hier!« Ich schluckte erstmal – das war nicht gerade die Antwort, die ich mir für meine Pläne erhofft hatte. Aber als ich nachdachte, musste ich ihm recht geben. Es gibt auch hier Aufgaben, die auf mich warten. Okay ... warum dann nicht Deutschland und Südafrika? Warum nicht hier arbeiten und das Geld verdienen, das mein Engagement dort finanziert? Und dann die andere Hälfte des Jahres in Südafrika sein? An einem Ort, wo es ein Zimmer für mich gibt, ich spirituell eine Heimat finde und wo ich mich im Rahmen meiner Möglichkeiten sinnvoll einbringen kann?

Das war die Lösung für meine Fragen und Probleme – das eine mit dem anderen kombinieren und eben nicht das eine *oder* das andere. Und das hat dann auch wunderbar geklappt!

Andere Wege gehen oder Wege anders gehen, das kann auch später im Leben wichtig sein. Neulich bekam ich eine Karte mit dem schönen Satz: Jetzt bist du in einem Alter, wo du beim Schuhe-Zubinden überlegst, was du noch machen kannst, wenn du schon mal da unten bist. Stimmt.

In einem Beitrag bei NDR 1 wurde berichtet, dass die Fregatte »Lübeck« von Wilhelmshaven aus zu ihrem letzten Einsatz in die Ägäis aufgebrochen ist. Das ist ja erstmal noch nicht so außergewöhnlich, aber dann hieß es: »Nach diesem Einsatz soll sie auf ihren Ruhestand vorbereitet werden.« Hatte ich richtig gehört? Vorsichtshalber las ich den Beitrag im Internet nochmal nach. Und ja, da stand wirklich: » ... soll auf ihren Ruhestand vorbereitet werden.«
Und das ließ mich jetzt doch etwas nachdenklich zurück. Wie, bitte schön, bereitet man ein Schiff auf den Ruhestand vor? Gibt es da irgendwelche Trainingsprogramme? Und – was macht ein Schiff im Ruhestand?
Wie das bei uns Menschen geht, erlebe ich grad, sozusagen am eigenen Leib. Offiziell in Rente bin ich zwar schon einige Zeit – und natürlich habe ich versucht, mich mental darauf vorzubereiten. Aber womit ich nicht so gerechnet habe: Auch das Alter klopft an die Tür ... Irgendwie, aus dem Sofa komme ich etwas schlechter wieder hoch, das oberste Regalbrett ist seltsamerweise einige Zentimeter nach oben gerutscht – und manche Erdnusspackungen so zu öffnen, dass nicht anschließend alle Nüsse auf dem Boden liegen, erweist sich als zunehmend schwierig. Und war das Bett wirklich immer schon so niedrig?
Interessanterweise scheint es vielen meiner Freunde ähnlich zu gehen. Gleich drei Ehepaare, die ich kenne, haben ihr Haus verkauft und sind in eine kleinere Wohnung gezogen, andere räumen auf und trennen sich von Dingen, genau wie ich.
Ja, man kann sich auf Ruhestand und Alter durchaus vorbereiten. Man kann ein neues und höheres Bett kaufen, das alte ist sowieso schon in die Jahre gekom-

men. Und es gibt Sofas, in denen man nicht regelrecht versinkt. Man kann aufräumen und sich von Dingen trennen. Und eine kleine Holztrittleiter hilft nicht nur dabei, an das oberste Regalbrett zu kommen, sondern eignet sich auch wunderbar zum Dekorieren! Man muss sich nur zu helfen wissen ...

Als ich einige Stunden später den NDR-Beitrag einer Bekannten zeigen wollte, war dieser Satz nicht mehr zu finden. Jetzt stand da, dass die Fregatte »Lübeck« nach ihrem letzten Ägäis-Einsatz »außer Dienst gestellt« würde.

Auch wenn ich älter werde – ich fühle mich nicht »außer Dienst gestellt«. Ich kann nicht mehr alles so tun, wie ich es bisher getan habe – aber ich kann manches anders tun. Und wenn der eine Weg nicht geht, dann eben ein anderer.

Ich probiere es einfach mal ...

Mit leichtem Gepäck

Im Laufe eines Lebens sammelt sich in der Regel einiges an: Kaffeebecher, die man mal geschenkt bekommen hat, eine originelle Vase, im Urlaub entdeckt, eine schöne Muschel von Juist, Bücher, die sich interessant anhörten.

Ich mag das, was sich bei mir so angesammelt hat – und kann zu vielem eine Geschichte erzählen. Da stecken Erfahrungen und Erinnerungen drin. Und das ist wertvoll – etwas, was mir in einer schnelllebigen Zeit auch Halt und Kontinuität schenkt.

Das aber, was mich in einem guten Sinne »hält«, kann auch »festhalten« und binden. Und so profan es sich anhört, es fängt ja schon beim Abstauben der Muschelsammlung im Bad an. Entscheidender noch: Je mehr man hat, umso lästiger werden Gedanken an Umzug, Aufbruch, Neuanfang. Wer sich wirklich auf den Weg machen will, sollte mit leichtem Gepäck reisen. Und wenn wir eines Tages unsere letzte große Reise antreten, werden wir sowieso nichts mitnehmen können. Vielleicht wäre es gar nicht so schlecht, das jetzt schon einmal einzuüben – loslassen. Um das zu finden, was uns wirklich hält und trägt – und eben nicht auf falsche Sicherheiten zu setzen. Auch für den Pilger stellt sich bei der Vorbereitung auf den Camino die

Frage: Was nehme ich mit? In der Bibel gibt es eine Antwort, die aber ist ziemlich herausfordernd:

11.6., CARRION DE LOS CONDES, 9.30 UHR

Mir geht das Evangelium aus dem Gottesdienst nach. Es ist die Stelle der Aussendung der Jünger. Und Jesus sagt zu ihnen: *Nehmt nichts mit auf den Weg, keinen Wanderstab und keine Vorratstasche, kein Brot, kein Geld und kein zweites Hemd* (DIE BIBEL, LUKAS-EVANGELIUM, KAP. 9, VERS 3). Und das gerade heute, wo mein Rucksack sicher dreizehn oder vierzehn Kilogramm wiegt – zwei Liter Wasser, Lebensmittel für tagsüber und abends. Nun gut, ich werde in der Meseta achtzehn einsame Kilometer haben, um darüber nachzudenken.

Ob die Gruppe Silbermond diese Textstelle aus der Bibel kennt, weiß ich nicht, aber in einem Lied kommen sie jedenfalls fast 2000 Jahre später zu einer ähnlichen Empfehlung: »Es reist sich besser mit leichten Gepäck.«[9] Vielleicht aus folgendem Grund:

31.5., PUENTE LA REINA, 11.00 UHR

Unterwegs sein mit wenig Gepäck, das macht auch frei und unabhängig. Was ich nicht mithabe, darauf brauche ich nicht aufpassen, das kann ich nicht verlieren, das kann mir nicht gestohlen werden. *Denn wo dein Schatz ist, da ist auch dein Herz* (DIE BIBEL, MATTHÄUS-EVANGELIUM, KAP. 6, VERS 21) – wenn ich mein Herz an irdische Schätze hänge, dann werde ich alles tun, damit mir diese Schätze nicht genommen werden, dann werde ich viel Kraft und Energie einsetzen, um mich entsprechend abzusichern. Das aber bindet und macht unfrei.

NUESTRA SENORA DEL MANZANO UND TEMPLERBURG IN CASTROJERIZ

Aber was das konkret für den Camino heißt, das musste ich auch erst lernen:

Ein bisschen ratlos sitze ich in meinem Wohnzimmer – um mich herum T-Shirts, das kleine Stundenbuch, Socken, Fotoapparat, Tagebuch, Wanderführer, Sonnencremetube, Metrofahrkarten und vieles andere mehr. Gerade habe ich den Rucksack wieder ausgepackt

– 15 Kilogramm, das ist eindeutig zu viel, damit komme ich nie zu Fuß nach Santiago de Compostela. Und dabei hatte ich doch schon bei der Erstellung der Packliste versucht, mich auf das Notwendigste zu beschränken. Es hilft alles nichts, ich muss diesen kunterbunten Stapel gewichtsmäßig nochmal um ein Drittel reduzieren. Grübelnd schaue ich mir das Durcheinander an. Was brauche ich für sechs Wochen Wanderung? Für mich ist das eine ganz neue Situation. Ich bin zwar viel unterwegs, aber in der Regel mit dem Auto. Da kommt es nicht drauf an, ob man noch ein Paar Schuhe mehr mitnimmt oder nicht. Jetzt zählt jedes Gramm. Soll ich die Elastikbinde nicht doch zu Hause lassen? Und was ist mit den Plastikdosen?
Plötzlich geht mir ein Licht auf. Bei der Erstellung der Packliste habe ich mich von der Frage leiten lassen: Was könnte ich möglicherweise brauchen? Ich habe mir alle möglichen Situationen vorgestellt, in die ich kommen könnte, und wollte mich entsprechend absichern. Und so landete plötzlich die Salbe gegen Zerrungen auf der Liste und das Blasenpflaster und das vierte T-Shirt und der Notizblock und und und – es könnte ja sein, dass ... Die richtige Frage aber müsste vielmehr heißen: Was brauche ich jetzt wirklich? Und will ich wirklich eine Elastikbinde quer durch Spanien tragen nur für den Fall des Falles? Mit dieser Frage lässt sich der Stapel nochmal ganz neu sortieren – und als die Waage dann 11 Kilogramm anzeigt, bin ich zwar noch nicht ganz zufrieden, aber kann es mir zumindest vorstellen, mich damit auf den Weg zu machen.
Ich bin ein bisschen nachdenklich geworden: Könnte es sein, dass ich auch in meinem Alltagsleben manchmal zu viel Gepäck mitschleppe, weil ich meine, mich für alle

Eventualitäten absichern zu müssen? Könnte es sein, dass das, was mich absichern soll, mich zugleich in meiner Bewegungsfähigkeit einschränkt?
Die Frage: »Was brauche ich jetzt wirklich?« statt »Was könnte ich eventuell brauchen?« könnte mir vielleicht auch in meinem Leben helfen, die Dinge neu zu sortieren und Schwerpunkte zu setzen.
Der Weg hat mir seine erste Lektion schon erteilt, noch bevor ich aufgebrochen bin.

Und das Schöne ist: Wenn man mit einem Rucksack unterwegs ist, dann setzen sich die Lektionen entsprechend fort. Denn zu der Frage: »Was brauche ich jetzt wirklich?«, kommen ja die Fragen »Wo pack ich das hin?« und »Kann ich das tragen?« noch dazu.

24.5., *SAINT-JEAN-PIED-DE PORT, 12.40 UHR*

Gemütlich schlendere ich durch Saint-Jean, trinke dort einen Kaffee, fotografiere da eine Katze, die ausgesprochen fotogen in einem Fenster sitzt, schaue mir die Auslagen in den Schaufenstern an – und freue mich grad daran, dass ich überhaupt nichts kaufen kann. Und es gibt schöne Sachen, bei denen ich sonst schnell schwach werde – Getöpfertes und Gewebtes. Ich ahne darum, dass Unterwegs-Sein auch frei machen kann – sechs Wochen lang werde ich nur das mein eigen nennen können, was ich selbst auf dem Rücken tragen kann – und das wenige ist schon schwer genug. So kann ich die schöne Tonschale und die naturfarbene Wollweste diesmal gut lassen.

Vielleicht wären das auch für den Alltag ganz hilfreiche Leitfragen:

- Brauche ich das wirklich?
- Brauche ich es jetzt?
- Kann ich es noch tragen?
- Wo packe (stelle, hänge ...) ich es hin?

Die alte Pilgerweisheit stimmt schon: Je schwerer der Rucksack, desto größer die Angst – er zeigt den Wunsch nach Absicherung. Vielleicht ist das die Lektion, die Jesus seinen Jüngern mitgeben will ...

11.6., CALZADILLA DE LA CUEZA, 16.30 UHR

Nehmt nichts mit auf den Weg! Das ist ja schon herb. Nicht nur, dass Jesus die Jünger einfach fortschickt, sie dürfen sich darüber hinaus durch nichts absichern. Sie liefern sich aus – und da ist nichts, an dem sie sich festhalten können – sie werden abhängig von dem, was die Menschen aus ihrer Botschaft machen und was sie ihnen geben. Und noch nicht einmal Erfolg wird prophezeit – es wird Menschen geben, die sie nicht aufnehmen, nicht hören wollen. In gewisser Weise sind die Jünger nackt und bloß, als sie losgehen, sie machen sich berührbar, verletzbar – immerhin: bekleidet mit Vollmacht. Aber was ist das? Und schafft es ausreichend Selbstbewusstsein, um sich zu lösen von all dem, was einem bisher Sicherheit gegeben hat?
Ich denke an meinen Alltag zu Hause – und bin sehr nachdenklich heute Abend. Bin ich wirklich bereit, mich so zu den Menschen senden zu lassen? Und wo meine ich immer noch, mich absichern zu müssen?

Unterwegs auf dem Camino bin ich auch irgendwie »nackt und bloß«, berührbar und verletzbar. Hier kann ich mich nicht über das »Haben« definieren, es ist vollkommen egal, was ich besitze, wie der Stand meines Kontos ist. Ich habe kein Auto, mit dem ich irgendwie Eindruck schinden könnte, kann abends keine Haus- oder Wohnungstür hinter mir zumachen (es sei denn, ich ziehe mich für eine Nacht in ein Hotel oder eine Pension zurück), es zählt nicht, was ich beruflich mache. All das, womit ich mich in meinem Alltag definiere oder wodurch ich definiert werde, fällt weg.

Aber das kann auch frei machen ...

Die Dinge, die man konkret mitnimmt oder zurücklässt, sind das eine – aber jeder und jede trägt wohl auch einen »inneren« oder »seelischen« Rucksack, der für andere oft unsichtbar ist. Und der Inhalt mag sehr bunt und durcheinander sein: ungeklärte Situationen, Enttäuschungen, zu treffende Entscheidungen, Hoffnungen, Wünsche, Ängste, offene Fragen, Erwartungen, Brüche in der eigenen Lebensgeschichte ... all das wandert mit und bleibt nicht zu Hause zurück.

Manchmal ist es sogar etwas aus diesem inneren Rucksack, das den letzten Anstoß gibt, »sich auf den Weg zu machen«. Der Camino bietet die Chance, aus der Distanz und mit neuen Erfahrungen, vielleicht auch durch Gespräche mit anderen Pilgern, dass sich manche Fragen klären, man anderes loslassen kann oder sich Verknotetes löst.

Es kann sinnvoll sein, sich im Vorfeld nicht nur mit der konkreten Packliste zu beschäftigen, sondern auch einen Blick in den inneren Rucksack zu werfen. Was von der Last, die mich unfrei macht, möchte ich auf dem Weg gerne loswerden? Als Symbol dafür kann man einen Stein mitnehmen und ihn dann am Cruz de Ferro ablegen, als Zeichen, dass man diese innere Last jetzt nicht mehr im »inneren« Rucksack mitschleppt.

Auch ohne einen konkreten Aufbruch zu einem Pilgerweg – es lohnt sich vielleicht, ab und an mal nachzuschauen, was man da so alles in seinem inneren und äußeren Rucksack hat. Und ob man das wirklich alles mittragen will und muss ... denn: Es reist sich besser mit leichtem Gepäck.

Zusage

Zugegeben
zuerst hat mich
die Zumutung
ziemlich erschreckt

endlich gefunden
nur um wieder
fortgeschickt zu werden

und das unter
erschwerten Bedingungen
kein Geld
kein zweites Hemd
keine Vorratstasche

und der Erfolg
ist auch noch
zweifelhaft

ich fühl mich
nackt und
bloß und
ungeborgen

und
unglaublich
verletzbar

doch
inzwischen
ahne ich
Freiheit
alles
zurücklassen dürfen
die Angst
die Ohnmacht
die Kraftlosigkeit
den Zwang
die Erwartungen

einfach
nur sein

und
zurücklassen dürfen
die Abhängigkeit
von falscher Geborgenheit
die Überzeugung
angekommen zu sein

mir wird
die Ungeborgenheit
die Selbständigkeit
die Freiheit
zugemutet

der mutet mir
doch glatt
das Leben
zu

Mit dem Weg wächst die Kraft

8.6., ITERO DE LA VEGA, 12.30 UHR

Ich glaube, dieser halbe Ruhetag wird mir gut tun – es waren immerhin 15 Kilometer heute, auch wenn es offiziell nur elf waren. Von Castrojeriz aus bin ich wieder auf die Straße gewechselt, die Strecke war zwar einige Kilometer länger – aber ich wollte dem Knie den Auf- und Abstieg ersparen, der mich auf dem direkten Weg erwartet hätte. So kam ich auf der Straße ganz gut in meinen Laufrhythmus.

Heute ging erstmals ein Psalmwort mit mir. Bisher blieb wenig Raum dafür, weil das Gehen selbst so viel Aufmerksamkeit erfordert hat – die schlammigen Wege, die wunderschöne Landschaft – oder weil ich einfach auf meinen Körper konzentriert war. Mich hat der Psalm 84 begleitet, den ich so sehr mag: *Selig die Menschen, die Kraft finden in dir ... sie schreiten dahin mit wachsender Kraft und erscheinen vor Gott auf dem Zion* (DIE BIBEL, BUCH DER PSALMEN, PSALM 84, VERSE 6 UND 8).

Ich habe heute viel über diese wachsende Kraft nachgedacht. Bisher habe ich damit in erster Linie eine wachsende körperliche Kraft verbunden – ich gerate nicht mehr bei jedem Berg außer Puste, die Armmuskeln werden ein bisschen kräftiger, ich krieg den Rucksack anders hoch als noch zu Beginn – und das liegt nicht nur daran, dass er zwischenzeitlich leichter geworden ist.

Spannender aber finde ich den Gedanken an eine wachsende innere Kraft. Und da gibt es wohl nochmal zwei verschiedene Akzente. Da gibt es eine Kraft, die kommt aus den gegangenen Schritten heraus, Paul hat es mal die »Kraft der Erinnerung« genannt. Wenn ich die Pyrenäen geschafft habe, dann werde ich wohl auch diesen Berg schaffen. Das ist sozusagen eine Art »faktische Vergewisserung«. Ich weiß, was ich kann – und das macht mich mir meiner selbst bewusst – selbstbewusst.

Zu dieser »Kraft der Erinnerung« gehören auch die Erfahrungen, die ich in den Tagen vorher gemacht habe. Am Anfang hatte ich viele Fragen, war unsicher: Wo bekomme ich was zu essen? Wie läuft das mit den Stempeln? Worauf muss ich in einem Refugio achten? Das Unbekannte und Neue fordert viel Aufmerksamkeit und zieht Kraft ab. Nach ein paar Tagen hat sich schon manches geklärt, man muss nicht mehr darüber nachdenken, hat es schon verinnerlicht. Auch meine allererste Fahrt in Südafrika alleine mit dem Auto von Mariannhill nach Kapstadt fand ich sehr anstrengend: Der Linksverkehr war ungewohnt, ich hatte die ganzen Warnungen und Sicherheitshinweise im Kopf, hatte mir zu große Tagesetappen vorgenommen, wusste nicht, was tun, wenn eine Herde Kühe auf der Straße steht. Drei Jahre später, nach vielen Wochen im Land, bin ich mit vielem souveräner umgegangen, ich konnte einschätzen, was geht und was nicht. Und auch jetzt mit zunehmendem Alter erlebe ich es wieder: Die körperliche Kraft wird zwar weniger, aber dafür kann ich auf Erfahrungen zurückgreifen, die mich in einer anderen Art und Weise stark machen. Und ich weiß, wen ich gegebenenfalls um Hilfe bitten kann ...

Die wachsende innere Kraft hängt aber auch noch mit etwas anderem zusammen, der »Kraft getroffener Entscheidungen«:

Wenn ich konsequent in Richtung Westen gehe, mich für das Ziel Santiago entscheide, dann entscheide ich mich zugleich gegen etwas anderes – ich gehe eben nicht nach Madrid oder Bilbao. Damit grenze ich mich ab – und das schafft Identität und gibt Profil. Je mehr solcher Entscheidungen ich treffe – und je grundsätzlicher diese Entscheidungen angelegt sind, umso klarer werde ich, umso deutlicher zeigt sich der Weg, weil manche Alternativen einfach überhaupt nicht mehr in Betracht kommen. Im konsequenten Gehen auf mein Ziel hin, Schritt für Schritt, auch durch trostlose Strecken hindurch, wird Kraft erzeugt. Jede Nicht-Entscheidung für den nächsten Schritt bindet Energie – genau wie jedes ziellose Hin und Her auch.

Ganz klar, solange mir zwei oder mehr Möglichkeiten offenstehen, kreisen meine Gedanken um das Für und Wider, ich checke Fakten, mache mich kundig – aber ich mache noch keinen Schritt in irgendeine Richtung. Sobald ich mich für etwas entschieden habe, kann ich meine Energie darauf konzentrieren.

Manche möchten sich gerne alles offenhalten und treffen deswegen keine Entscheidungen. Aber das hilft nicht wirklich weiter. Der Satz *»Ist Unentschiedenheit dem Herzen nah, so muss der Seele daraus Bitternis erwachsen«* von Wolfram von Eschenbach aus dem »Parsival«, einem mittelhochdeutschen Versroman (zwischen 1200 und 1210 entstanden), hat schon seine Richtigkeit.

Wenn ich konsequent und beharrlich auf mein Ziel zugehe, dann kann auch eine »Kraft des Getragenseins« dazukommen - ein erstes Ahnen und die Zuversicht, dass ich ankommen kann - »es geht, weil ich gehe«.

Entscheidungen treffen, das ist nicht immer leicht - und im Alltag fehlen oft die Wegweiser und die gelben Pfeile, die mir zeigen, wo es hingeht. Und dafür gibt es auch keine App oder ein Navi, das sagt: »in 500 Meter rechts abbiegen!« Mich begleitet seit etwa dreißig Jahren der Rat einer alten, weise gewordenen Ordensfrau. Sie sagte mir einmal: »Wenn du nicht weißt, wie du dich entscheiden sollst, dann wähle das, was dich lebendiger macht!« - lebendiger! Nicht einfacher, glücklicher, leichter, preiswerter, sondern das Leben bewusster wahrnehmen, mit all seinen Höhen und Tiefen. Nicht in den Alltagsroutinen erstarren, sondern achtsam für das Leben werden! Sich selbst spüren, den Menschen neben mir, vielleicht ... Gott. Auf der Spur des Lebens bleiben ...

Dazu ist allerdings eines notwendig:

Vor einigen Wochen trafen wir uns mit Freunden in einem Hotel im Münsterland. Gleichzeitig feierte dort ein junges Paar mit Verwandten und Freunden Hochzeit, mit einem guten Essen – und natürlich gab es anschließend Musik, und es wurde getanzt. Wir standen noch spät auf der Terrasse, ein letztes Glas in der Hand, als plötzlich drüben das Lied gespielt wurde: »Warum hast du nicht ›nein‹ gesagt?«. Wir schauten uns etwas verblüfft an, mussten lachen und einer der Freunde meinte nur: »Ist das nicht ein bisschen früh für diese Frage?«

Für mich war es ein wunderbarer Einstieg für die Ansprache zu einer Silberhochzeit am Wochenende darauf, denn zum Glück hatten die beiden vor 25 Jahren eben nicht »nein«, sondern »ja« gesagt – und dieses »ja« die ganzen Jahre durch alle Höhen und Tiefen einer Ehe auch gelebt.
Aber ein »ja« zählt nur dann etwas, wenn man auch das »nein« kennt und es gegebenenfalls sagen kann – es muss ja nicht gerade am Tag der Hochzeit sein. Wer »ja« und »nein« sagen kann, der bekommt Profil, gewinnt Identität, der trifft Entscheidungen und bezieht Position. Mit »vielleicht« und »eventuell« kommt man meistens nicht so richtig weiter. Möglicherweise hat Jesus das im Hinterkopf, wenn er sagt: *Eure Rede sei ja, ja, nein, nein, was darüber hinausgeht, stammt vom Bösen* (DIE BIBEL, MATTHÄUS-EVANGELIUM, KAP. 5, VERS 37).
Und dann kann man sich auch durchaus mal die Frage stellen: Warum hast du nicht »nein« gesagt? Aber sie stimmt auch andersherum: Warum hast du nicht »ja« gesagt?
Darum geht es: Entscheidungen treffen und sie leben.

Und manchmal kann das sehr schnell gehen:

16.6., LEON, 23.00 UHR

Mir fällt die Begegnung mit Martin ein. Wie kommt er dazu, nachdem er tagelang allein gewandert ist, sich zu mir auf die Bank zu setzen, mich um eine Zigarette zu bitten, mich schließlich zu fragen, ob ich mit ihm gehe? Und was bringt mich dazu, nachdem ich genau drei Wochen allein unterwegs bin, plötzlich auf diese Frage »ja« zu sagen? Wir hätten beide »nein« sagen können in der Situation – die Freiheit haben wir gehabt. Und doch hatten wir das Gefühl, jetzt gilt es zu fragen bzw. »ja« zu sagen. Es war keine Entscheidung, bei der der Kopf das Sagen hatte, sondern eher das Herz oder eine innere Stimme oder wie auch immer man das nennen mag …

Auch die Menschen, von denen das Psalmwort spricht, haben eine Entscheidung getroffen: Sie sind aufgebrochen und losgegangen – und *ziehen sie durch das Tal der Dürre, machen sie es zum Quellgrund und Frühregen hüllt es in Segen. Sie schreiten dahin mit wachsender Kraft …* (DIE BIBEL, BUCH DER PSALMEN, PSALM 84, VERSE 7–8) – und erreichen ihr Ziel.

Von Menschen und gelben Pfeilen

Wer je irgendwo ein Stück auf einem Jakobsweg gegangen ist, für den sind die gelben Pfeile und die stilisierte Muschel ein Begriff – sie weisen den Weg. Ich vermute mal, dass diese Zeichen auch in Spanien in der Regel von Menschen angebracht und aufgemalt werden, die sich in irgendeiner Art und Weise dafür zuständig und verantwortlich fühlen, genau wie in Deutschland. Im Schwarzwaldverein zum Beispiel kümmern sich ca. 300 ehrenamtliche Wegewarte und -wartinnen um die Pflege und Markierung von ca. 24.000 Kilometer Wanderwegen. Gelegentlich entwickeln sie eine große Kreativität, wie oft und wo sie eine Markierung anbringen – und als Wanderer braucht man manchmal einen aufmerksamen Blick und entsprechende Fantasie, um diese Wegzeichen auch zu entdecken. An einer kleinen Kirche in der Meseta fand ich zum Beispiel einen dicken gelben Pfeil, der direkt nach oben, also in Richtung Himmel, wies – nur: da wollte ich ja noch gar nicht hin. In meinen Gedanken habe ich den Pfeil dann einfach um 90 Grad gedreht und bin mal in die Richtung gegangen – und das war dann wohl auch richtig. Aber ganz grundsätzlich gesagt: Ein solches Engagement dieser Menschen, die sich um die Wege und Markierungen kümmern, ist nicht selbstverständlich und eine große Hilfe für alle, die unterwegs sind!

Mein kleiner »Outdoor-Reiseführer« war 1996 das erste Mal erschienen, die Daten waren also mindestens zwei Jahre alt, als ich auf dem Weg war. Das kann eine lange Zeit sein: Da werden Straßen neu gebaut, ein Wegstück wird durch einen Bergrutsch unpassierbar, die Zuständigen vor Ort haben eine neue Weg-Variante entwickelt. Bis diese Veränderungen dann in einem Reiseführer oder in einer App auftauchen, dauert es natürlich eine gewisse Zeit.

8.6., *ITERO DE LA VEGA, 12.30 UHR*

Die Markierung, ein dicker, gelber Pfeil, zeigt nach rechts, vollkommen anders als im Führer beschrieben – und ich meinte auch den Refugio-Leiter gestern Abend so verstanden zu haben, dass man nicht nach Itero del Castillo gehen sollte. Aber bisher hat die Markierung immer gestimmt und war aktueller als der Führer. Und ob ich das gestern Abend mit meinem wenigen Spanisch wohl wirklich richtig verstanden habe? Ich bin unsicher. Schließlich traue ich der Markierung und biege rechts ab. Nach einem Kilometer komme ich in ein kleines Dorf – kein gelber Pfeil ist mehr zu sehen. Ich irre ein bisschen umher, lande mal wieder bei der Kirche, die von außen ganz hübsch aussieht. Ein netter Spanier holt den Küster, der extra für mich aufschließt. Im Inneren erschlägt mich die extreme Ansammlung von Kitsch – und als er dann noch Musik einspielt, die mich eher an den Musikantenstadl erinnert, kann ich mich nur noch höflich bedanken und dezent den Rückzug antreten. Vor der Kirche zücke ich den Wanderführer – mir wird klar, dass ich eine Brücke über den Fluss finden muss. So

kann ich jetzt immerhin nach der Brücke fragen – und einige Männer zeigen mir den Weg aus dem Ort hinaus, zurück auf die Landstraße. Was soll das denn jetzt, frage ich mich. Wozu um alles in der Welt der Umweg durch dieses Dorf hindurch? Das waren mindestens zwei Kilometer ganz umsonst – nein, nicht umsonst, die Gespräche dort waren nett, aber trotzdem ...
... und in dem Moment kam Piet in die Bar hinein. Er ist Holländer und macht den Weg schon zum siebten Mal. El Camino, das ist wie eine Droge, sagt er. Aber jedes Mal wäre es ein bisschen weniger, was den Camino ausmacht, er würde zunehmend kommerzialisiert, sei nicht mehr das, was er mal gewesen sei.
Ob ich auch den Umweg über Itero del Castillo gemacht hätte? Er wüsste jetzt, warum die Markierung dort anders war als im Führer angegeben. Ja, der Bürgermeister habe sie geändert, damit die Pilger auch durch seinen Ort hindurch kämen. Und genau das meine er mit der Kommerzialisierung. Der Weg würde verzweckt. Ich kann nur den Kopf schütteln – das Dorf hat doch überhaupt nichts von den Pilgern – es gibt dort keine Bar, kein Geschäft. Im Gegenteil, die Pilger ärgern sich, wenn sie plötzlich im Ort stehen, keine Markierung mehr vorfinden, sich mühsam durchfragen müssen, um dann festzustellen, dass sie ganz umsonst zwei oder drei Kilometer gelaufen sind.
Und irgendwie, das ist doch ein Weg, der als Kulturdenkmal ausgezeichnet wurde – da kann doch nicht einfach ein Bürgermeister eines kleinen nordspanischen Dorfes ... Doch, er kann. Und eigentlich durchaus erfolgreich. Normalerweise wäre ich an diesem Ort vorbeigelaufen – so aber schreibe ich jetzt schon mehr als eine ganze Seite darüber ...

In Filmen, die in früheren Zeiten spielen, kann man es als bewährte Taktik immer mal wieder sehen: Da werden einfach Wegweiser in eine andere Richtung gedreht, um die Verfolger oder Angreifer in die Irre zu führen.

Im übertragenen Sinn kommt es auch heute nicht selten vor, dass Menschen bewusst Schilder und Zeichen hinstellen, die andere zu etwas »hinlotsen« sollen, wo sie eigentlich gar nicht hinwollen. Das fängt bei *fake news* im Internet an und hört beim Enkeltrick per Telefon oder Whats App noch lange nicht auf.

Da kann nur der gesunde Menschenverstand helfen, manchmal ein bisschen Misstrauen oder auch der Rat von Menschen, denen ich vertraue ... ich hätte vielleicht doch den Leiter des Refugios einfach nochmal fragen sollen ...

Eher zum Schmunzeln fand ich diese Variante:

11.6., CALZADILLA DE LA CUEZA, 16.30 UHR

Das Refugio hat zu – und so suche ich die Bar, die es in diesem Ort geben soll. Sie ist nicht zu verfehlen. Die alten Pilgerstraßen ziehen in der Regel durch den Ort gerade hindurch, der Pilgerweg wurde zur Hauptstraße. Aber die Bar ist vor allem deshalb nicht zu verfehlen, weil an einer Wegkreuzung die gelben Pfeile eindeutig nach links weisen, obwohl die Hauptstraße geradeaus geht, an der nächsten Gabelung nach rechts – und dann steht man vor der Bar. Eigentlich fehlt nur noch der gelbe Pfeil auf der Türschwelle, um einen in die Bar hineinzugeleiten. Ich bin ein bisschen neugierig geworden und gehe ein paar Schritte weiter – richtig, an der nächsten Kreuzung geht der Pfeil wieder nach rechts, zurück zur Hauptstraße.

Es menschelt mächtig ... nicht nur auf dem Camino.

CARRION DE LOS CONDES – PORTAL DER KIRCHE SANTA MARIA DEL CAMINO

Du sollst dir kein Bild machen

Als ich damals nach Santiago pilgerte, gab es noch nicht viele Möglichkeiten, sich über den Weg zu informieren, die Literatur war durchaus überschaubar. Heute kann sich jeder im Internet entsprechende Videos von Pilgern und Pilgerinnen anschauen, im Fernsehen gibt es zahlreiche Dokumentarfilme und dazu unzählig viele Bücher zum Camino.

Ein paar wenige »Bilder« hatte ich zwar auch im Kopf – aber nicht immer richtige.

4.6., BURGOS, 10.30 UHR

Heute Morgen bin ich neben dem Straßen- und Baulärm von einem mir durchaus sehr bekannten Geräusch aufgeweckt worden: Es hat wieder mal geregnet. Irgendwie habe ich Spanien immer mit Sonne und warm verbunden, aber eigentlich nicht mit Pullover. Das bisher Überflüssigste, was ich mitschleppe, ist das Sonnenöl.

Regen, Nebel, im Juni Temperaturen in Richtung Gefrierpunkt in den Bergen – damit hatte ich wirklich nicht gerechnet. Ein Mitpilger aus Irland wohl auch nicht – er hatte nur kurze Hosen dabei und schimpfte heftig über die Kälte. Aber auch Landschaften stellt man sich möglicherweise in der Fantasie anders vor:

11.6., CARRION DE LOS CONDES, 9.30 UHR

Nach dem Wanderführer hatte ich hier irgendeine öde Landschaft erwartet, menschenleer, brachliegend, braun, vertrocknet. Und ganz sicher hat auch das Bild von Sieger Köder »Durch die Meseta«[10] mit zu dieser Vorstellung beigetragen. Stattdessen bin ich stundenlang durch grüne Getreidefelder gelaufen, an den Wegrändern blühen Blumen in einer Pracht und Vielfalt, dass man sie in deutsche Vorgärten verpflanzen könnte. Zwischendrin bin ich an diesem Unterschied zwischen Realität und Vorstellung fast irre geworden – und hab mich gefragt, ob ich hier wirklich durch die Meseta laufe? Habe ich vielleicht die Meseta nur aus Versehen hier angesiedelt, und sie ist eigentlich ganz woanders? Das finde ich spannend: Was mache ich, wenn meine Vorstellungen zerbrechen, sich die Wirklichkeit als vollkommen anders erweist? Mich bringt schon die Meseta durcheinander ...

Auf Südafrika war ich etwas besser eingestellt, aber als mich eines Tages dort die Frage aus Deutschland erreichte, ob wir eigentlich in richtigen Häusern wohnen, musste ich doch schmunzeln. Das waren sie wieder, die Bilder und Vorstellungen. Und beim Stöbern in den Reiseführern für den Jakobsweg hatte ich manches entdeckt, worauf ich neugierig war, aber ...

9.6., FROMISTA, 14.30 UHR

In Boadilla habe ich noch den Pranger gesucht, den der kleine Führer als so interessant beschrieben hat. Ob es diese ominöse Säule vor der Kirche war? Irgendwie – unter einem Pranger habe ich mir eigentlich was anderes vorgestellt. Man lernt auf dem Weg, auch mit »Lücken«

zu leben – gerade die so interessante Kirche hat heute geschlossen, im Kloster hält man Siesta, dort wird renoviert – und so geht man halt weiter, auch wenn man unbedingt das oder das gesehen haben wollte – und nicht weiß, ob man in seinem Leben überhaupt nochmal hierherkommen wird.

Auch in meinem Alltag werden manche Vorstellungen von der Wirklichkeit durchkreuzt, Pläne und konkrete Vorhaben können scheitern. Eine plötzliche Krankheit kann einen Strich durch die Rechnung machen, ein Gewitter lässt die geplante Gartenparty im wahrsten Sinn des Wortes ins Wasser fallen – und während der Corona-Zeiten waren wir bestens im Absagen und Improvisieren geübt. Da mussten wir dauernd mit den unterschiedlichsten »Lücken« leben: Die Regale im Supermarkt mit Toilettenpapier und Nudeln waren leer, das Treffen mit Freunden war nicht möglich, Schule fand zu Hause am Computer statt, der lang geplante Urlaub – abgesagt. Manche kamen besser damit klar, andere überhaupt nicht.

Ich hatte mir zu Hause viel Mühe damit gemacht, einen Plan für die Wochen auf dem Camino aufzustellen: Wann will ich wo übernachten? Und was will ich unbedingt sehen? Den Plan konnte ich aufgrund meiner Verletzung relativ schnell in den Papierkorb werfen. Als es im wahrsten Sinn des Wortes wieder »ging«, hab ich nicht mehr groß geplant. Am Abend den nächsten Tag und die entsprechende Etappe in den Blick nehmen, gelegentlich mal überschlagen, ob es zeitlich bis Santiago ungefähr reicht. Zu vieles war unsicher: Man konnte mental schlecht drauf sein, das Wetter konnte umschlagen, ein Refugio durch eine Gruppe belegt sein, das angeschlagene Knie schmerzen. Und manchmal habe ich mich sogar während des Tages noch umentschieden und zehn Kilometer früher übernachtet oder bin ein paar Kilometer weiter gegangen als geplant. Abschied nehmen von Vorstellungen, kreativ mit gegebenen Situationen umgehen, Flexibilität und Improvisation, das sind Eigenschaften, die man beim Pilgern durchaus lernen kann. Und die auch für das Leben, nicht nur in Corona-Zeiten oder in Südafrika, nützlich sein können.

Wer seinen Pilgerweg mit konkreten Bildern und Erwartungen beginnt, der wird enttäuscht werden. Eine alte Pilgerweisheit bringt es auf den Punkt: Der Camino gibt dir nicht, was du willst, sondern das, was du brauchst – und ist damit immer für eine Überraschung gut. Wer dem Weg vorschreiben will, wie er zu sein hat, wird möglicherweise das nicht finden, was der Weg für ihn bereithält.

Deshalb ist es gut, keine Erwartungen zu haben, sondern einfach erwartend zu sein. Die beiden Formulierungen scheinen ähnlich zu sein – und doch liegen Welten dazwischen. In der ersten Variante hört sich das so an: »Ich erwarte von dir, dass ...«, und dann kommen ganz konkrete Dinge wie zum Beispiel »... dass du deine dreckigen Socken nicht einfach im Badezimmer rumliegen lässt, sondern in den Wäschekorb tust!« oder »... dass du Bescheid sagst, wenn du nicht pünktlich zum Mittagessen kommst!« Ich habe eine Vorstellung, was der andere zu tun oder zu lassen hat oder wie etwas sein soll – und wehe, wenn nicht! Ganz anders hört es sich an, wenn die junge Frau zu ihrem Freund, der im Stau auf der Autobahn festsitzt, sagt: »Wenn du da bist, bist du da ... ich erwarte dich!« – das ist eine offene Haltung, eine wache Präsenz, die nichts will, vorschreibt und fordert, sondern einfach wahrnimmt, was ist.

Erwartungen haben oder erwartend sein – das gilt auch auf Gott hin. Erwarte ich von Gott, dass er das und das tut und so und so ist? Schreibe ich ihm vor, wie er zu sein hat? Oder erwarte ich ihn einfach? Bin ich da und bereit für ihn – in dieser wachen Präsenz?

Das alte Gebot: Du sollst dir kein Bild von Gott machen, hat schon seine Berechtigung, denn jedes Bild schränkt ein, macht klein und verfügbar. Aber eine Rabbinerin sagte mal: »Ein Bild von Gott? Nein! Aber viele Bilder von Gott, das geht!« – denn ein Bild setzt absolut, und viele Bilder relativieren. Und wahrscheinlich sagt das, wie ich mir Gott vorstelle, sowieso mehr über mich als über Gott aus.

Und genauso gibt es nicht nur einen Camino, sondern viele Caminos – ganz verschiedene Bilder, Eindrücke und Erfahrungen, sogar dann, wenn zwei zur gleichen Zeit die gleiche Strecke gehen. Jeder geht seinen eigenen Weg.

Und dann kann man ja auch noch auf ganz verschiedene Weise unterwegs sein ... so wie im Leben eben auch ...

Jeder tut's auf seine Weise

Es gibt die unterschiedlichsten Möglichkeiten, sich als Pilger auf den Weg nach Santiago zu machen, ganz zu schweigen davon, dass es ja neben dem klassischen Camino Francés noch die verschiedensten Wegvarianten gibt wie beispielsweise den Camino del Norte oder den Camino Primitivo. Wie man nach Santiago kommt, hängt sicher von persönlichen Vorlieben ab, wie viel Zeit (und Geld!) man zur Verfügung hat und was man sich körperlich, aber auch mental zutraut. Und es gibt dabei kein richtig oder falsch, besser oder schlechter, die Wegmöglichkeiten sind einfach mit unterschiedlichen Konsequenzen und Chancen verbunden.

24.5., SAINT-JEAN-PIED-DE-PORT, 12.40 UHR

Bei einem Kaffee komme ich mit zwei deutschen Fahrradpilgern ins Gespräch. Sie wollen den Camino in vierzehn Tagen machen – und heute noch über die Pyrenäen. Ich ahne dunkel, es könnte Unterschiede machen, ob man mit dem Fahrrad oder zu Fuß unterwegs ist.

Es stimmt schon: Vierzehn Tage aus Packtaschen zu leben, fühlt sich anders an als sechs Wochen aus dem Rucksack. Und alleine, zu zweit oder mit einer Gruppe unterwegs zu sein, auch das hat seinen je eigenen Charakter. Wichtig könnte sein: Was passt für meine Situation? Was ist stimmig für mich? Was brauche ich – und was tut mir gut?

28.5. PAMPLONA, 20.00 UHR

Hans hat erzählt, dass er am 24.6. wieder in der Schweiz sein muss und dass er deshalb die Tagesetappen verdoppeln will. Und das sagt er, ohne mit der Wimper zu zucken. Er geht 40 Kilometer am Tag – und als ich das höre, fühle ich mich minderwertig, weil ich weiß, das pack ich nicht. Aber dann frage ich mich, ob das überhaupt erstrebenswert ist, den Camino mit solchen Etappen »zu machen«. Was mag derjenige dann von all dem sehen, was am Rande des Weges verborgen liegt? Und wieso messe ich mich an etwas, was für mich überhaupt nicht erstrebenswert ist? Ist das nicht auch eine Widerspieqelunq unserer qesellschaftlichen Situation: Das, was als Leistung hingestellt wird, wird ungefragt als Maßstab übernommen, die Stärke, die Kraft gilt – und wer das nicht erreicht, fühlt sich ungenügend.

Entscheidender mag sein, in welcher Haltung ich dem Weg begegne, ob ich ihn für mich und meine Interessen »benutze« – oder ob ich ihm Respekt und vielleicht sogar, um es mit einem alten Wort zu sagen, Demut entgegenbringe.

Manchmal kann da schon die Sprache verräterisch sein: Ich mach den Camino, so hört man es gelegentlich. Für mich klingt das irgendwie, als ob man sich in eine Auseinandersetzung mit dem Weg begibt, die man gewinnen muss. Aber wer so denkt, der hat eigentlich schon verloren, weil er den Weg nur als »Werkzeug«

versteht, aber nicht als ebenbürtigen Partner. Dem gegenüber wird sich der Weg verschließen, ganz lautlos und still. Der Camino ist »groß« genug, um sich selbst zu schützen. Und es liegt an jedem selbst, was er aus seiner Begegnung mit ihm macht, ganz unabhängig davon, auf welche Art und Weise er pilgert. Der Weg kann und wird demjenigen etwas schenken, der auf der Suche ist, der bereit ist, etwas zu finden. Jemand, der an einer Busreise teilnimmt, kann durchaus den »Geist des Jakobsweges« erfahren – und nicht jeder, der 150 Kilometer zu Fuß unterwegs ist, muss allein deswegen schon eine tiefe spirituelle oder persönliche Erfahrung machen.

11.6., CALZADILLA DE LA CUEZA, 16.30 UHR

Irgendwann taucht eine Kirchturmspitze auf – ob das wohl das Dorf ist? Ich bin ziemlich müde – heute geht nichts mehr. Plötzlich joggt von hinten ein Mann heran, an den Riemen des kleinen Rucksacks hat er zwei Trinkflaschen festgemacht, aus denen er beim Laufen trinkt. Er pendelt seine Laufbewegung auf meine Schritte ein – und wir probieren eine Unterhaltung auf Spanisch-Französisch-Englisch. Er will heute noch seine Gruppe in Sahagun treffen. Das ist meine morgige Tagesstrecke ... Als ich ins Refugio gehe, sind zwei Pilger mit ihren Pferden angekommen. Das ist ein hübsches Bild! Sie sind Anfang April in Lüttich gestartet, eine junge deutsche Frau, ein älterer Belgier, zwei sehr ruhig und abgeklärt wirkende Pferde. Bis jetzt haben sie ungefähr 2000 Kilometer zurückgelegt. Die Pferde weiden auf einer kleinen Wiese hinter dem Refugio, ab und an dringt ein Schnauben oder Wiehern zu uns herauf – schön!

CALZADILLA DE LA CUEZA, 20.00 UHR

Es ist eine kleine und gemütliche Gruppe im Refugio – wir sind zu sechst – und die beiden Pferde natürlich. Die »US-Boys« und den jungen Deutschen werde ich kaum wiedertreffen, das sind eher »Schnellgeher« – und auch die beiden »Reiter« machen mit ihren Pferden 30 Kilometer am Tag – obwohl sie nicht reiten. Das war für mich sehr verblüffend, aber sie laufen wirklich neben ihren Pferden her, weil sonst das Gewicht für die Tiere zu groß wäre. So tragen die Pferde das Gepäck und das Futter, und sie führen die Pferde. Das hätten sie gelernt, sagen sie – bei einem nächsten Mal würden sie ein Handpferd für das Gepäck mitnehmen. Ich schmunzle ein wenig, als ich im Gästebuch des Refugios die Eintragung des Belgiers entdecke. In der Spalte, wie man denn hierhergekommen sei, steht ganz stolz »a caballo – zu Pferd«. Vielleicht wäre in dem Fall »mit Pferd« ein bisschen stimmiger.

Zu Fuß oder mit dem Fahrrad, mit Pferd oder auch mit einem Esel unterwegs sein ... all das geht. Mich hat der Bericht eines Pilgers sehr berührt, der sich mit seinem Rollstuhl auf den Weg gemacht hat. Ja, man kann das Gepäck transportieren lassen – und man kann manche Etappen auch mit dem Bus oder Taxi machen. All das sollte man nicht dogmatisch sehen. Wie jemand nach Santiago kommt, das ist seine Entscheidung – und niemand hat das Recht, das zu be- oder zu verurteilen. Eine alte Redewendung sagt schon: »Viele Wege führen nach Rom« – und das kann man durchaus auch im übertragenen Sinn verstehen. Und was für den Weg nach Santiago oder Rom stimmt, passt natürlich erst recht auf das eigene Leben: Jeder tut's auf seine Weise ...

Gegen den Strom

Nur tote Fische schwimmen mit dem Strom, lebendige dagegen, so sagt es ein Sprichwort aus Afrika.

Der große Strom der Pilger und Pilgerinnen auf dem Camino geht natürlich in Richtung Westen. Nur ab und an kommt mal jemand entgegen. Das sind diejenigen, die auch den Heimweg, zurück von Santiago, zu Fuß machen. Sie gehen in der Regel sehr schnell an einem vorüber, und wenn man von ihnen ein kurzes »hola!« hört, ist es schon viel. Durchaus verständlich. Sie sind schon wochen-, wenn nicht monatelang zu Fuß unterwegs und entsprechend trainiert. Aber es hat wohl auch noch einen anderen Grund: Die Gefahr wäre hoch, dass sie sonst angesprochen werden. »Wie ist die Wegstrecke?« oder »wie weit ist es noch?« – Pilger wollen durchaus das eine oder andere wissen. Und um das zu beantworten, muss man stehen bleiben und kommt dadurch aus dem Laufrhythmus.

»Gegen den Strom« laufen kann man auch auf dem Weg Richtung Westen. Es gibt regelrechte »Pilgerwellen«, die dadurch entstehen, dass es besonders beliebte Refugios gibt, in denen viele unbedingt übernachten wollen und die dadurch entsprechend voll sind. Und wenn am nächsten Tag 70 Prozent dieser

Pilger ca. 20 bis 25 Kilometer laufen, dann ist fast schon absehbar, in welchem Refugio man sich am nächsten Abend trifft. Wenn man aus solch einer »Welle« herauskommen möchte, kann es helfen, das zu tun, was andere nicht tun – an einem Tag einfach mal nur eine halbe Etappe zu machen oder, wenn man es körperlich schafft, ausnahmsweise 30 oder 35 Kilometer zu laufen.

19.6., SANTA CATALINA, 17.00 UHR

In dem Gespräch am Abend in der Bar waren wir uns einig, dass es beim Camino nicht ums Stempelsammeln oder um das Kilometerzählen geht, sondern darum, all diese Möglichkeiten von Erfahrungen, die am und neben dem Weg bereitliegen, wahrzunehmen, sich ihnen zu stellen, sich zu öffnen. Und es geht darum, sich die Zeit zu gönnen, auf das eine nicht schon gleich wieder das Nächste folgen zu lassen.

Mich hat es darin bestärkt, heute nur eine halbe Tagesetappe zu machen, um Zeit zum Schreiben, zum Nachdenken, zum Nachspüren zu haben. Zudem ist es für Christiane der dritte Tag – und der ist ja immer ein bisschen kritisch. Und dann kam noch das Nicht-schlafen-Können in Astorga dazu ...

So haben wir uns kurzerhand entschieden, aus der momentanen Pilgermassenbewegung auszuscheren – wir lassen sie ihre Tagesetappen machen. Bisher geht unsere Rechnung hier im Refugio auf: Wir sind zu fünft, wir beide, der Ire, eine Frau, die ohne Schlafsack und Decke unterwegs ist, und Mick, ein Engländer, der grad aus der Dusche kommt und sagt, er hätte ja schon viel kalte Duschen auf dem Camino erlebt, aber so kalt sei noch keine gewesen.

Na gut – heute Abend muss aus meiner Sicht duschen nicht unbedingt sein …
Damit kämen wir aus dem Pilgerpulk heraus, der sich heute Abend in Rabanal trifft. Christiane und ich sind uns einig: Lieber irgendwann 50 Kilometer mit dem Bus fahren, bevor wir jetzt ins Jagen und Hetzen kommen. Und außerdem ist sowieso nichts mittelfristig planbar. Der Camino hat und birgt seine eigenen Überraschungen …

Das zu tun, was andere nicht tun, passt übrigens auch für die eher kleinen Dinge:

25.6., TRIACASTELA, 19.00 UHR

Abstieg vom Alto do Poio – es sind schöne, aber auch steinige Wege. Das Schienbein meldet sich kräftig, das Knie ein bisschen – die mentale Verfassung zeigt sich körperlich. Es geht nichts mehr.
So haben wir bereits in Triacastela Halt gemacht – und genießen das schöne Refugio und den halben Tag Auszeit. Ich denke, es ist sinnvoll. Der Körper scheint die Zeit zu brauchen, dann soll er sie auch haben. Und die Beine so zu überanstrengen, dass nichts mehr geht, 130 Kilometer vor Santiago, wäre auch dumm.
Inzwischen kultivieren wir es, »gegen den Strom zu schwimmen« – wenn alles an der Dusche ansteht, waschen wir die Wäsche – und bekommen die sonnigen Plätze an der Wäscheleine. Und wenn alle anderen die Klamotten waschen, duschen wir. Das passt ganz gut.

An dem Tag, als ich dieses Kapitel schreibe, steht auf der Homepage des Bistums Osnabrück beim »Spruch des

Tages«: *Wenn du das Gegenteil von dem tust, was die Menge tut, tust du fast immer recht* (JOSEPH STANISLAUS ZAUPER, 1784–1850, ÖSTERREICHISCHER MÖNCH UND PROFESSOR) – interessant, wie es sich manchmal fügt. Ich weiß zwar nicht, welche Erfahrungen diesen gelehrten Mann zu der Erkenntnis gebracht haben, aber mir war es in meinem Leben immer wichtig, etwas nicht nur deshalb zu tun, weil alle anderen es tun. Dazu muss ich wissen, was mir wichtig ist und den Mut haben, die breiten Wege auch einmal zu verlassen. Sowohl über meine Entscheidung, damals den Camino zu gehen als auch für eine gewisse Zeit in Südafrika zu leben und zu arbeiten, haben viele den Kopf geschüttelt. Wie kann man nur sechs Wochen pilgern oder die Sicherheit einer Arbeitsstelle aufgeben?

»Gegen den Strom« – das kann heißen, sich gegebenenfalls auch von anderen abzusetzen, um den eigenen Weg zu finden und zu gehen. Sehr geprägt hat mich dabei ein Satz von WERNER SPRENGER, EINEM DEUTSCHEN SCHRIFTSTELLER UND MEDITATIONSLEHRER (1923–2009): *Es gibt einen Weg, den keiner geht, wenn du ihn nicht gehst* – und wenn ich ihn nicht gehe, dann wird er unbegangen bleiben. Das ist das Ziel, das die Richtung vorgibt – das zu tun, was nur von mir getan werden kann, was mir sozusagen als Lebensaufgabe zugedacht ist.

Zugegeben, manchmal ist man da etwas alleine unterwegs, dann wieder landet man irgendwo in der scheinbaren Wildnis und fragt sich, ob man noch auf dem richtigen Weg ist. Es ist auch Wagnis und Abenteuer. Das zu tun, was alle tun, ist leichter, bequemer und manchmal ungefährlicher. Aber eventuell auch etwas langweiliger …

Gegen den Strom – das hat auch den Vorteil, dass es keine Staus und Warteschlangen gibt – und keine überfüllten Refugios.

LEON, KATHEDRALE VON SÜDOSTEN

Erinnerungen: Leon

15.6., LEON, 19.30 UHR

Hier in Leon haben Martin und ich uns für das Hotel entschieden – und ich bin nur froh darum. Zum einen tut es gut, mal wieder (fast) ungestört seine Ruhe zu haben – zum anderen ist das Refugio hier überkatholisch und bürokratisch-dogmatisch, leider eine ja durchaus nicht seltene Kombination. Wir wollen uns dort nur den Stempel holen, eigentlich kein besonders bemerkenswerter Vorgang – wir sind uns beide einig, dass uns das Verfahren ein wenig an die Kontrollpunkte bei deutschen Volksläufen erinnert. Uns selbst waren die Stempel nicht mehr so arg wichtig. Sie dienen halt als Nachweis dafür, dass man in den Orten war, bekam man einen, war's gut, war er schön, umso besser – und wenn nicht, ist es auch recht. So gehen wir zu dem Kloster, in dem in diesem Sommer das Refugio untergebracht war. Die Schwester, die uns öffnete, führte zuerst die beiden Pilger, die mit uns angekommen waren, zu ihrem Quartier. Das bestand darin, dass die beiden sich hinter einer Tür eine Schaumstoffmatratze holten und irgendwo auf den Flur legten. In dem Moment schien mir doch das Geld für das Hotel ganz gut angelegt. Dann nahm die Schwester unsere Pilgerausweise, wir erklärten noch, dass wir zwei Tage hierbleiben würden und deshalb im Hotel wären, dann bat sie uns um unsere Pässe. Nun gut

– die befanden sich an der Rezeption des Hotels, damit konnten wir also leider nicht dienen. Ja, die bräuchte sie aber. Wir schauten sie fragend an. Ja, es sei sonst mit dem Stempel schwierig. Martin erklärte nochmal geduldig auf Spanisch, dass unsere Namen und alle sonstigen wichtigen Daten im Pilgerausweis drinstünden – und wir wirklich nur einen Stempel wollten. Na ja, sie wolle mal sehen, es sei halt wegen der Statistik. Unser Alter wollte sie noch wissen, dann verschwand sie hinter einer großen, dunklen, wichtig aussehenden Tür. Es verging eine gewisse Zeit, dann öffnete sich in dieser Tür eine kleine Luke: Ob wir denn mit dem Fahrrad unterwegs wären? Nein, zu Fuß, gab Martin zurück. Meines Wissens waren das zwar alles Informationen, die in diesem Pilgerausweis stehen, aber nun gut. Es verging wieder eine geraume Zeit, dann öffnete sich die obere Hälfte der Tür (es war wirklich eine wichtige Tür!), und die Schwester gab uns die Pilgerausweise zurück, mit Stempel – und wahrscheinlich hat ihre ordentliche Statistik jetzt an dem Tag eine Lücke ...
Von Doris und David, die wir später in der Kathedrale trafen und die dort im Refugio übernachten, erfahren wir noch, dass das Kloster bereits um 21.15 Uhr schließt – um die Zeit bekommt man hier in Spanien gerade mal was zu essen. Und so haben sich die beiden auch entsprechend mit Lebensmitteln eingedeckt. Männer und Frauen sind getrennt untergebracht (Gott segne die Fantasie der Schwestern!) – aber interessanterweise sind die Duschen gemeinsam. Und vor halb sieben morgens durfte auch keiner das Kloster wieder verlassen.

KATHEDRALE UND BISCHOFSPALAIS
IN ASTORGA

Ein Bett wär nett

Ein Bett wär nett«: So lautete das Motto der Kampagne, mit der im Vorfeld des Katholikentages 2012 in Mannheim 4000 kostenlose Privatquartiere für Teilnehmende gesucht wurden. Und das denken wohl auch die Pilger und Pilgerinnen auf dem Camino: Ein Bett wär nett – auch wenn das inzwischen wohl nur noch in Ausnahmefällen kostenlos zu haben ist. Wo und wie übernachte ich unterwegs – das ist für viele eine Sorge und deshalb eine entsprechend wichtige Frage. Und die Diskussionen um »vorbuchen und reservieren oder spontan entscheiden« und »Refugio oder andere Unterkunft« füllen ganze Internetforen.

Was die Möglichkeiten der Unterbringung angeht, hat es seit 1997, als ich den Weg ging, sicher die größten Veränderungen gegeben – deshalb müsste eigentlich dieses ganze Kapitel unter dem Stichwort »Erinnerungen« stehen. Aber auch, wenn sich in den konkreten Refugios vieles geändert haben mag, manche Erfahrung wird man möglicherweise auch heute noch machen.

Zu den Pilgerherbergen, die oft von kommunalen oder kirchlichen Gemeinden und Klöstern angeboten wurden, sind zahlreiche kleine Hotels und auch Privatunterkünfte hinzugekommen. Auf der Webseite von *gronze.com*, einem anerkannten digitalen »Reiseführer«, sind zum Beispiel heute acht Unterkünfte für Castrojeriz aufgeführt, damals gab es grad mal zwei Möglichkeiten, wo man übernachten konnte. Man konnte nicht über irgendwelche Internetportale vorab buchen, sondern musste im Ort schauen, wo man ein freies Bett fand. Inzwischen ist es auf den Hauptwegen durchaus möglich, auf die öffentlichen Refugios zu verzichten und sich privat irgendwo einzumieten, auch wenn es dann natürlich mehr kostet. Der Komfort ist in dem Fall sicher größer – aber es kann sein, dass man dann etwas anderes verpasst, nämlich die Gemeinschaft der Pilger.

6.6., HORNILLOS, 22.00 UHR

Hier in Hornillos bin ich im Refugio – das hat einer umgebaut, der was vom Pilgern versteht: Es gibt eine Küche, die zugleich Aufenthaltsraum ist, einen überdachten Wäschetrockenplatz. Einige Grundnahrungsmittel werden gestellt, Milch steht im Kühlschrank, Nudeln sind da, Kaffeepulver, Zucker, Salz – das ist wirklich Gastfreundschaft, was wir hier erleben.
Im Moment sind wir noch zu sechst, so dass wir viel Raum haben: Therese und François, Doris und David, ein französischer Pilger, den ich auch schon einige Male getroffen habe, und ich.
Wir machen uns einen netten Refugio-Abend, immer wieder mal zieht ein Gewitter über die Hochfläche hinweg – auch jetzt blitzt und donnert es heftig, und ein kräftiger Regenguss kommt herunter. David hat eine Art von Gemüseeintopf gekocht und mich zum Essen eingeladen, ich habe den Wein und den Käse dazugelegt – und irgendjemand kocht grad immer Kaffee. Es wurde ein sehr netter Abend, und wir haben viel gelacht.

Aber es gibt natürlich auch die Gegenerfahrungen:

7.6., CASTROJERIZ, 19.30 UHR

Das Refugio hier ist hübsch und gut geführt – aber klein und voll. Wenn sich zwanzig Leute auf zwei Toiletten, zwei Duschen und eine Kaffeemaschine verteilen, wird es zwangsläufig eng. Seife und Handtuch unter dem Arm lauert man darauf, dass die Dusche endlich frei wird. Und das nach der Weite eines solchen Tages ...

8.6., CASTROJERIZ, 7.30 UHR

Die Nacht war eher unangenehm. Der Italiener neben mir gab dauernd seltsame Geräusche von sich, jemand schnarchte, um sechs Uhr machten sich die beiden französischen Radfahrer zum Aufbruch bereit: Licht an, lautes Rascheln von Plastiktüten. Irgendwann lässt der Refugio-Leiter klassische Musik laufen, kocht Kaffee – aber mir ist da alles zu eng und zu viel und zu laut, und ich verzieh mich in den Garten. Die schönste Szene heute Morgen: Ein Mann, in einem richtig schön geblümten Schlafanzug, steht in der Küche und rasiert sich. Unter den Bedingungen wirkt es doch ein bisschen bürgerlich.

Und dann gibt es Erfahrungen, die einen dazu treiben können, es vielleicht doch einmal mit einer alternativen Unterkunft zu versuchen:

18./19.6., ASTORGA, 3.00 UHR

Dieses Refugio hat nichts mehr mit Bergen, Schützen und Bewahren zu tun, wie es der Name »Herberge« möglicherweise nahelegt – es ist ein Szenario. Ich stehe staunend davor, welche unterschiedlichen Geräusche 36

Menschen erzeugen können – und frage mich, wie hier überhaupt jemand schlafen kann. Die Zweier- und Dreier-Stockbetten quietschen fürchterlich – und wenn man sich aufsetzen will, rammt man sich prompt den Kopf an dem Bettgestell über einem.
Ich habe lange wachgelegen, irgendwann gab es, o Wunder!, mal eine Schnarch-, Stöhn- und Schnaufpause – da bin ich wohl ein bisschen eingeschlafen. Vorhin bin ich raus, um eine Zigarette zu rauchen. Die Refugiotür ist dummerweise so konstruiert, dass man zwar rausgehen kann, aber dann nicht wieder hineinkommt. Und so sitze ich jetzt auf der Steinstufe am Eingang, halte mit einem Fuß die Tür auf – und hätte eigentlich durchaus die nötige Bettschwere. Als ich in den Schlafsaal zurückkomme, ist die Luft zum Schneiden dick, ein Blick auf die Uhr – um Gottes Willen, erst 3.00 Uhr! Wie soll ich diese Nacht bloß rumkriegen?
Fluchtgedanken steigen in mir hoch – aber wohin will ich nachts in Astorga flüchten? Selbst, wenn ich jetzt eine Stunde durch die Stadt liefe, käme ich dann nicht mehr ins Refugio hinein. Mich neu auf den Weg zu machen, würde ich ja vielleicht in Erwägung ziehen, wenn ich alleine unterwegs wäre – aber wie soll ich in diesem Menschengewimmel Christiane finden, die ja vielleicht doch ganz ruhig und sanft schläft? Wie im Dunkeln alles zu Packende finden?
Ich finde die Grundidee der Refugios gut, ich bin dankbar, dass uns diese Möglichkeiten zur Verfügung gestellt werden – aber wenn so ein Refugio komplett belegt ist, ist es nicht mehr schön. Und ich frag mich, was hier im Sommer wohl los sein mag.
Ich habe nichts gegen einfache Refugios, da habe ich durchaus schon sehr ruhige Nächte erlebt – sowas wie

hier, das mag ich nicht. Ich habe durchaus Lust, mit dem einen oder anderen Pilger ins Gespräch zu kommen – aber wenn für 36 Leute ein Vorraum mit 12 Stühlen zur Verfügung steht, dann kommt man auch nicht ins Gespräch. Dann flieht jeder, so gut und so schnell er kann.

Bitte nicht vergessen – das war das Refugio in Astorga 1997! Das mag inzwischen dort ganz anders sein. Aber auf volle Schlafsäle wird man wohl auch heute immer mal wieder treffen ...

DIE VIELBOGIGE BRÜCKE VON HOSPITAL DE ORBIGO

19.6., SANTA CATALINA, 17.00 UHR

Morgen früh ist Rabanal unser Ziel, dort wollen wir nochmal einkaufen – und dann geht es in die Berge hinein. Wir möchten bei Tomas in der Berghütte übernachten. Das Wetter scheint schön zu bleiben, und auf 1.500 Meter Höhe dürfte es auch mit der Hitze nicht allzu schlimm werden. Und besser Plumpsklo als nochmal so eine Nacht wie in Astorga ...

Erinnerungen: Manjarin

20.6., MANJARIN, 17.30 UHR

Hier sind wir in einer eigenen Welt. Tomas läutet, wenn ein Pilger des Weges kommt – und so wurden auch wir regelrecht eingeläutet, als wir auf die Hütte zugingen. Das ist ein ähnlich interessanter Ort wie San Bol: Typ Allgäuer Berghütte, leicht esoterisch angehaucht, Wasser vom Brunnen, die Heizung besteht aus einem uralten Kanonenofen mit zwei Metern Ofenrohr, es gibt drei Hunde, zwei Hühner, eine Gans – und Tomas. Wenn ich es richtig verstanden habe, hat Tomas was mit den Templern zu tun. Ich kann mich fast nicht mit ihm verständigen – aber ich spüre, hier ist eine andere Welt. Oder ist es die eigentliche Welt?

Mick war schon da und geht Tomas zur Hand. Dann kamen noch ein Belgier und ein Franzose, die der Regen überrascht hat. Das Unwetter ist schnell von Westen hergezogen. Am Cruz de Ferro saßen Christiane und ich noch im schönsten Sonnenschein, inzwischen tobt hier der Sturm, prasselt der Regen auf das notdürftig geflickte Dach, Wolken jagen draußen an der Hütte vorbei – oder ist es doch Nebel? Die Geborgenheit der Hütte tut gut – und ich finde es spannend, dass gerade heute in der Vesper, in die ich einen Blick hineingeworfen habe, der Psalm 135 auftaucht: *Er führt Wolken herauf vom Ende der Erde, er lässt es blitzen und regnen, aus seinen Kammern holt er*

den Sturmwind hervor (DIE BIBEL, PSALM 135, VERS 7). Gott in seiner Schöpfung, seine Macht, seine Größe, das erfahre ich hier am eigenen Leib. Und es war ein wunderschöner Tag heute – der Aufstieg zum »Eisenkreuz«, den wir auf der sanft ansteigenden Straße gut hinbekommen haben, die Ebene zusehends hinter uns lassend. Da war eine ungeheure Weite, der Wind, die Wolken.
Und dann die halbe Stunde dort oben am Cruz, dicht und intensiv. Ich habe den Stein vom Karmelberg in Israel auf den Steinhaufen gelegt, den mir Christiane letztes Jahr mitgebracht hat und der mich an meine Geschichte mit dem Propheten Elija erinnert – und Christiane hatte einen Stein aus dem Sinai dabei. Damit reihen wir uns ein in die lange Reihe der Pilger, die hier auf diesem Pass etwas zurückgelassen haben, etwas »losgeworden« sind. Für mich war es eine sehr stille halbe Stunde, in der ich meinem Schöpfer sehr nahe war ...
Die Stimmung hier in Manjarin zu beschreiben ist fast unmöglich. Das Gewitter tobt so, dass es mich immer wieder vor die Hütte lockt, mich verführt, mich dem Sturm und dem Regen auszusetzen – und mich zugleich die Geborgenheit der Hütte schätzen lässt, in der der kleine Kanonenofen bullert. Tomas hat irgendeine Kassette aufgelegt, die sich sehr irisch anhört, es gibt Kaffee, aus der Milch muss man die Fliegen herausfischen. Wir sind in einem alten Steinhaus in einem ansonsten verlassenen Ort, die Mauern sind 50 Zentimeter dick, von der Decke hängen zwei oder drei große Schinken, alles ist nicht so besonders klinisch sauber, aber ausgesprochen gemütlich – und es liegen Welten zwischen der Nacht in Astorga und dieser Berghütte. Hier spüre ich etwas von dem alten Camino – und hier berührt mich was.

21.6., EL ACEBO, 10.30 UHR

Sommeranfang in den Bergen von Leon – 8 Grad am frühen Morgen, Wolken, Nebel, Regen, Sturm – ein grandioser Tagesbeginn. Und die Nacht in der Hütte war nur gut. Mit meinem Knie habe ich mich die Hühnerleiter nicht hochgetraut, die unters Dach führte, wo die anderen geschlafen haben. So bleibe ich unten im großen Raum, zusammen mit Tomas und dem kleinen Junghund.

Tomas hat am Abend noch Gemüseeintopf gekocht, dazu Salat und Brot, Rotwein, Gespräche hin und her. Es gab nur Gaslicht, der Kanonenofen gab noch ein bisschen Wärme ab. Als Tomas sich mit all seinen Klamotten inclusive Parker ins Bett legte, war klar: Schlafenszeit. Draußen tobte der Sturm, es regnete, ab und an bellten die Hunde, den kleinen hatte Tomas zu sich ins Bett genommen. Irgendwann klopfte es, so gegen elf Uhr nachts. Tomas ging an die Tür: Wer ist da? – Peregrino! Tomas öffnet, ein junger Mann, vollkommen durchnässt, kommt herein, Tomas weist ihm den Schlafplatz zu, fragt, ob er noch etwas zu essen haben will. Derweil landet der junge Hund in meinem Bett – und es ist durchaus angenehm, seine Wärme zu spüren, ihn streichelnd zu beruhigen, sein Atmen zu hören. Ab und an jaunzt er ein bisschen vor sich hin. Irgendwie ist es unwirklich: der jagende Sturm, die bellenden Hunde, der trommelnde Regen auf dem Dach. Und mit einem kleinen jungen Hund kuschele ich mich in meinen Schlafsack ...

Am Morgen kocht Tomas Kaffee, alle miteinander hocken wir um den großen Tisch. Draußen Regen, Wind, tiefe Wolken, 20 Meter Sicht. Gut wäre es, wenn wir heute bis nach Ponferrada kämen – und dort wäre ich sehr

bereit, mal wieder in ein Hostal zu gehen. Die letzte warme Dusche gab es in Leon – und dass ich die vergangene Nacht in meinen Klamotten, inclusive Junghund, geschlafen habe, macht mich auch nicht gerade sauberer.
Zum Frühstück hat Tomas eine Taizé-Kassette aufgelegt. Es ist irgendwie irreal – Frühstück in den Leoner Bergen auf einer Berghütte, vertraute Taizé-Gesänge – und mitten in der Fremde fühl ich mich zu Hause.
Es war eine faszinierende Nacht dort in den Bergen, ich habe ungern Abschied genommen – und Christiane fiel es wohl noch ein bisschen schwerer. Tomas hat uns mit seiner großen Glocke noch »abgeläutet« – und dann waren wir wieder unterwegs.
Tomas hatte übrigens einen interessanten Stempel, »non nobis« – ich bat Mick zu fragen, was es bedeutet. Wenn die Übersetzung richtig bei mir gelandet ist, handelt es sich um den alten Gruß der Templer – und Tomas scheint hier die alte Templer-Vereinigung wieder ins Leben gerufen zu haben.[11] Diese Templer interessieren mich zunehmend mehr – Tomas hat gestern Abend vor dem Essen lange gebetet, ein Zeitungsartikel, irgendwo angepinnt, beschreibt ihn als »marxistisch, leninistisch, christlich«. Schade, ich hätte mich gerne mit ihm direkt unterhalten.

Dem Internet entnehme ich, dass Tomas im Sommer 2022 seine Herberge in Manjarin aufgrund von Auflagen des Gesundheitsamtes schließen musste. Damit ist wohl auch ein Stück Camino-Geschichte unwiderruflich für immer verschwunden. Man kann dort aber noch einen Stempel und etwas zu trinken bekommen.

Nachtherbergen für die Wegwunden

Auch wenn Nelly Sachs, die jüdische Schriftstellerin, diesen Begriff in einem anderen Zusammenhang verwendet[12] – er beschreibt eigentlich ganz gut, was gute Refugios entlang des Weges sein können: eine Herberge für die Nacht für alle, die sich irgendwie am Weg wundgelaufen haben. Und manchmal ist das ganz wortwörtlich zu verstehen:

6.6., HORNILLOS, 16.00 UHR

Therese und François wollten eigentlich noch bis Hontanas, aber sie hat Beschwerden mit dem Bein. David hat offene Blasen am Fuß – sie wurden vorhin von Hortense, die für das Refugio zuständig ist, sehr liebevoll verarztet.

Auch Manjarin war für mich solch eine Herberge – allerdings: Die nächsten zwei Nächte waren wir dann doch im Hotel. Nach der Nacht dort oben in den Bergen war dringend Wäschewaschen und Duschen angesagt. Am Sonntag, dem Tag darauf, konnten wir nichts mehr einkaufen – und wenn man sowieso warten muss, bis die Geschäfte aufmachen, dann ist auch nicht einzusehen, warum man sich schon um sechs Uhr von den ersten Pilgern, die packen und aufbrechen, wecken lassen muss. Dann aber …

23.6., VEGA DE VALCARCE, 18.30 UHR

Ich bin froh, dass wir den Sprung vom Hotel ins Refugio wieder geschafft haben. Die Versuchung ist groß, das Angenehmere zu wählen, es sich leicht zu machen. Aber damit ginge auch etwas von dem verloren, was den Camino ausmacht – sich einlassen auf einen anderen Lebensstil.
Das Refugio hier ist ganz okay, zwar einfach, ohne Aufenthaltsraum, ohne Küche – aber noch sind wir wenige im unteren Schlafraum – und die beiden Fahrradfahrer, die ziemlich nach Schnarchen aussehen, wurden von der Betreuerin oben einquartiert. Man wird dankbar für so viel, bewusste oder unbewusste, Menschenkenntnis.
Wir sind geduscht (warm!), die notwendige Wäsche ist gewaschen und trocknet vor sich hin, das Feierabendbier schmeckt – und heute Abend steigt nun endgültig die Thunfisch-Session, wir haben wirklich keine Lust, die Dosen noch über den Cebreiro mitzuschleppen. In dem kleinen Geschäft hier am Ort kaufen wir ein bisschen Brot, Rotwein, Käse – und sitzen gemütlich auf den Goretex-Jacken im Schein der Abendsonne und lassen es uns gutgehen.

Es sind solche Abende, an denen mir das Lied von Reinhard Mey in den Sinn kommt: »Auf den guten Wind, der uns hergeweht – Freunde, lasst uns trinken!«[13]
Was die Unterkünfte angeht – vielleicht gilt auch hier: nicht dogmatisch vorgehen, sondern »auf Sicht fahren«. Es gab Tage, da brauchte ich einen Abend für mich alleine und eben kein volles Refugio, um auch irgendwie mit den ganzen Eindrücken klarzukommen. Manchmal war es gut zu wissen, dass man ausreichend

warmes Wasser zur Verfügung hat und hinter sich eine Tür zumachen kann. Und wenn die Klamotten nass geworden waren, kann ein wenig mehr Platz auch hilfreich sein. Aber wenn die Refugios groß sind, viel Raum bieten, vielleicht sogar den Luxus einer Waschmaschine, warum nicht?

29.6., RIBADISO, 21.00 UHR

Das Refugio hier ist wunderschön, herrlich an einem kleinen Fluss gelegen, alte Gebäude, die neu hergerichtet worden sind, alles ist sehr großzügig angelegt. Endlich mal keine Enge in den Waschräumen, ausreichend Wäscheleine, viel Platz ums Haus. Dafür ist es ein bisschen abseits gelegen, das heißt heute Abend ist Selbstverpflegung angesagt, weil wir beide keine Lust mehr haben, nochmal zwei Kilometer bis zum nächsten Gasthaus zu laufen und wieder zurück. Uns ist es recht so, wir wussten es und haben uns proviantmäßig drauf eingestellt.

Wir picknicken gemütlich am kleinen Fluss. Wenn's noch ein bisschen wärmer wäre, wäre es nur schön – aber es geht grad noch, wenn man im Pullover draußen sitzt. Hinten im »Refugio-Schuppen« ist »high-life«. Ich habe den Eindruck, da löst sich grad viel an Spannung, die einen doch über lange Zeit begleitet hat. Der Kilometerstein »40« ist passiert, was soll da noch viel geschehen? Christiane steht auf der kleinen Brücke und sieht der untergehenden Sonne zu, die fünf Italienerinnen singen Lieder, zu meiner Schlusszigarette »Guten Abend, gut Nacht« auf Italienisch. Das hat mir zu meiner Stimmung grad noch gefehlt ...

Wie aber sieht das in meinem Leben sonst mit »Herbergen« aus? Zunächst einmal: Herbergen braucht nur jemand, der unterwegs ist. Wer zu Hause bleibt, benötigt kein Bett für die Nacht irgendwo anders. Der schläft in seinen vertrauten vier Wänden.

Wenn ich aber mal eine Übernachtungsmöglichkeit brauche, dann überlege ich auch, was tut mir jetzt gut. Und das kann durchaus sehr unterschiedlich sein. Bei guten Freunden kann es durchaus die Ausziehcouch im Wohnzimmer sein und das gemeinsam benutzte Bad. In der Regel wird es dann am Abend sowieso spät, weil wir noch lange zusammensitzen – und dann ist es nicht so wichtig, wo und wie ich schlafe. Wenn ich dagegen in einem Tagungshaus ein Seminar leite, dann brauche ich ein Zimmer, wo ich am Abend die Tür hinter mir zumachen kann. Und da ich meistens dann noch was arbeiten muss, bin ich für einen Schreibtisch und ausreichend Ablagefläche sehr dankbar. Einige Häuser sind so gut organisiert, dass ich sogar jedes Mal das gleiche Zimmer bekomme – das ist dann fast schon wie heimkommen. Und ein bisschen Luxus und Rühreier zum Frühstück finde ich dann hilfreich, wenn ich eine große, öffentliche Veranstaltung mit vielen Teilnehmenden habe und dadurch sehr gefordert bin.

Herbergen auf dem Weg – das gilt natürlich auch in einem übertragenen Sinn. Menschen, die »innerlich unterwegs« sind, brauchen ab und an einen Ort, an dem sie einkehren und sich ausruhen können. Das können Menschen sein, die einem nahe stehen, Freunde, Lebenspartner und -partnerinnen.

Herberge

da kennt dich einer so sehr
dass er dir ansieht
dass es dir
nicht gut geht

da mag dich einer so sehr
dass er sagt
komm auf einen Whisky vorbei
sei einfach da

da versteht dich einer so sehr
dass er zuhört
und die richtigen
Fragen stellt

da ist einer
so sehr da

dass man
ein wenig

heimkommen
kann

Manchmal aber sind es auch ganz konkrete Orte, die zu solchen Herbergen werden können:

Der Tipp kam von meinem früheren geistlichen Begleiter. Zugegeben, damals fragte ich mich schon, warum man zu einem spirituellen Ort unbedingt 450 Kilometer weit fahren muss – aber wenn er meinte, dort wäre ich

richtig, dann könnte man es ja wenigstens mal probieren. Und er hatte recht – die Benediktinerinnenabtei in der alten Burg Dinklage im Oldenburger Münsterland wurde zu meinem Ort.
Ein wenig verwunschen liegt die Wasserburg mitten im Wald und wirkt zunächst fast etwas abweisend. Man kann da nicht einfach mal reinspazieren, ein großes, schweres Tor trennt »innen« und »außen«. Aber selten erlebe ich genau diesen Übergang so intensiv wie dort. Aus dem Trubel der Welt darf ich in einen geschützten Raum gehen, in dem ich still werden, mich auf mich selbst und auf Gott konzentrieren kann – ohne dass mich etwas ablenkt. Dort kann ich beten, dort kann ich mich vor Gott bringen. Ich kann neu auf das hören, was Gott von mir und für mich will. Und aus der Burg hinaus gehe ich wieder in die Welt, stelle mich den Anforderungen meines Alltags, gefestigt, gestärkt, ermutigt.
Das Kloster, die Wasserburg, ist ein Ort, der mich erdet, der mich mit meinen Wurzeln, meinem Inneren in Verbindung bringt. Da gibt es keine barocken Schnörkeleien, der alte Stall ist zur Kirche geworden, mit dem Boden aus Feldsteinen, einem Altar aus Findlingen. Manche Balken sind ein bisschen schräg und krumm – aber sie halten. Das ist alles sehr bodenständig.
Und irgendwie – so sind auch die Schwestern, geerdet. Der Ort prägt schon die Menschen, die dort leben. Deshalb bin ich gerne in Dinklage. Damit genau das ein wenig auf mich abfärben kann.

Herbergen, in welchem Sinn auch immer, sind einfach da und laden zum Einkehren ein. Es liegt an mir, sie zu erkennen und ihre Möglichkeiten zu nutzen. Andererseits sind sie aber auch nicht zum Daueraufenthalt gedacht. Auf einem Parkplatz in Norwegen sah ich mal ein Schild, auf dem unter anderem auf Deutsch stand: »Dies ist ein Rastplatz und kein Campingplatz.« Und dann die Bitte: »Nach kurzem Aufenthalt fahren Sie bitte forsichtig weiter.« (Nein, das ist kein Tippfehler – das stand wirklich so da!)

Herbergen und Gastfreundschaft gehören zusammen. Aber man kann ihre »Idee« auch missverstehen. Auf einer Postkarte fand ich mal den Spruch: »Ihr sollet gegen jedweden Gastfreundlichkeit üben; doch wenn ein Gast länger als drei Tage bei euch verweilet, so könnet ihr mit der Freundlichkeit ein wenig nachlassen – Regel aus dem Kloster Altenberg.« Der Hinweis kommt wohl aus der Erfahrung heraus, dass manchmal Gastfreundschaft auch ausgenutzt werden kann. Sie hat Grenzen und darf Grenzen haben. Deswegen kann man auch in den Refugios am Camino in der Regel nur eine Nacht bleiben.

Nelly Sachs aber hat das mit den »Nachtherbergen für die Wegwunden« noch einmal anders gemeint. Für sie sind es die Psalmen, die alten, großen Gebete des Judentums, die auch im Christentum eine wichtige Bedeutung haben. Und auch das kenne ich gut – die biblischen Texte, die Riten im Gottesdienst, die mir zu Herbergen im Unterwegs-Sein werden.

Herberge

mich
hineingeben

in die alten Worte
den vertrauten Klang

ausruhen
vom Weg

die Wunden
verbinden

den Tag
loslassen

mich
stellen

und den Segen
erbitten

und neu

aufbrechen

Ach ja, eine spannende Frage bleibt übrigens noch: Für wen bin ich denn eigentlich Herberge – und wem gebe ich Unterschlupf für die Nacht?

Zusammen ist man weniger allein

Der Titel des Romans von Anna Gavalda, den ich mir als Überschrift »ausgeliehen« habe, beschreibt erstmal nur eine Tatsache – zusammen ist man weniger allein.[14] Ob man das jetzt gut oder schlecht findet, bleibt der persönlichen Bewertung überlassen. Und hängt vielleicht auch noch von der jeweiligen Situation ab.

Klar ist, dass es einen Unterschied macht, ob man alleine oder mit anderen unterwegs ist – im Leben wie auf dem Camino.

25.5., RONCESVALLES, 22.00 UHR

Meine blühende Fantasie, die ich für manches Buch, manche Geschichte herzlich willkommen heiße, geht an diesem Morgen in den Pyrenäen mal wieder mit mir durch. Ich male mir aus, was mich noch alles erwarten mag auf den restlichen 19 Kilometer, und mir fällt ausgesprochen viel ein! Meine Müdigkeit meldet sich zu Wort, meine Unsicherheit, dann auch mein Verantwortungsbewusstsein: Wäre es nicht sinnvoller, die sechs Kilometer nach Saint-Jean zurückzulaufen, sich eine Nacht im Hotel einzuquartieren, auszuschlafen – und morgen mit frischen Kräften auf der anderen Route Roncesvalles anzugehen?

In diesem Moment verwünsche ich das Allein-Sein; muss schon wieder ganz allein ich entscheiden, was sinnvoll ist?

Manchmal finde ich es anstrengend, für alles alleine verantwortlich und zuständig zu sein. Da wäre es schön, sich mit jemandem beraten zu können oder einfach ermutigt zu werden. In solchen Momenten tut mir das Allein-Sein gar nicht gut.

Auch die vielen Eindrücke vom Weg wollen verarbeitet werden – und natürlich ist es unterschiedlich, ob ich abends für mich in einem Hotelzimmer sitze oder in einer gemütlichen Runde mit anderen Mitpilgernden in einem Refugio.

8.6. *ITERO DE LA VEGA, 21.00 UHR*

Ich erlebe die Spannung sehr lebendig in mir, alleine zu gehen, diese Eindrücke im Tagebuch aufzuschreiben – und mich mit anderen darüber auszutauschen, zu erzählen, Gemeinsames und Bestätigendes zu entdecken, aber auch Unterscheidendes. Aber je intensiver die Gespräche, umso weniger bleibt für das Schreiben – es ist ja schon gesagt.

Das finde ich interessant, und ich frage mich: Wie notwendig braucht auch mein Schreiben daheim das Allein-Sein? Schreibe ich, weil ich viel allein bin? Bin ich gerne allein, weil ich schreibe? Kann ich gut allein sein, weil beruflich immer viel Menschen um mich herum sind? Wirkt sich eine bestimmte Arbeit möglicherweise auch auf die Lebensform aus? Und wie weit prägen intensiv gelebte Beziehungen die Arbeit und bei mir auch das Schreiben? Ich bin mir noch unsicher – aber ich glaube, da gibt es Zusammenhänge.

Es gibt verschiedene Möglichkeiten, wie man das, was man erlebt, verarbeiten kann – man kann darüber reden, schreiben, Bilder malen, Videos machen und sie ins Netz stellen …

Allen gemeinsam ist: Ich bringe Ein-drücke zum Ausdruck, etwas, was in mir ist, »wandert« nach außen – ganz unabhängig von der Art und Weise, wie ich es tue. Damit ist es »aus dem System«, wo es vorher oft unsortiert gelagert oder vielleicht auch herumgetobt hat – und wird in einem guten Sinn handhabbar.

Aber was erzählt ist, muss nicht mehr geschrieben werden – und umgekehrt.

Und so viel schreibend nachdenken konnte ich an dem Tag auch nur, weil ich lediglich eine halbe Tagesetappe gemacht hatte, der Ort außer einer Bar nichts Interessantes zu bieten hatte und Piet, der einzige Pilger, mit dem ich mir das kleine Refugio teilte, lieber schlafen als viel reden wollte.

An dem Abend bin ich nachdenklich: Wie wird es sein, wenn in den nächsten Tagen Christiane kommt? Solange ich alleine unterwegs bin, kann ich entscheiden, ob ich abends mit anderen noch essen gehe und zusammensitzen oder lieber für mich sein will. Wenn man zu zweit unterwegs ist, braucht es Absprachen – und Zeit für den anderen.

11.6., CALZADILLA DE LA CUEZA, 20.00 UHR

Es ist wunderschön hier. Ich war lange Strecken allein, aber das erlebe ich nicht als belastend, ganz im Gegenteil. Ich war nicht einsam.

Vorhin hat es mich noch einmal hinausgetrieben auf die kleine Anhöhe, wo ich heute Nachmittag schon einmal gesessen bin. Dort habe ich die Vesper gebetet – und dabei den Wind gespürt, der mich den ganzen Tag begleitet hat, den Wolken nachgeschaut – und ich spüre, wie mich diese Weite anzieht und selbst weit macht. Als ich schließlich wieder ins Dorf hinuntergehe, bin ich fast ein bisschen traurig, dass diese so intensiven Tage des Allein-Seins nun bald vorbei sein werden. Mit Christiane wird es anders sein. Solche Tage wie heute wird es nicht mehr viele geben.

Aber der Camino und das Leben sind auch immer für eine Überraschung gut. Wie heißt die alte Pilgerweisheit? »Du weißt nie, was oder wer hinter der nächsten Kurve auf dich wartet ...«

Verdutzt stehe ich vor dem Maschendrahtzaun, der plötzlich quer über den kleinen Wanderpfad läuft und mir den Weg versperrt. Was soll das denn? Ich mache ein paar Schritte nach links, ein paar Schritte nach rechts – aber der Zaun ist offensichtlich neu und vollkommen intakt. Und selbst wenn ich irgendwie über den Zaun kommen würde, wüsste ich nicht, ob ich mich durch die Großbaustelle der neuen Autobahn kämpfen könnte, die vor mir liegt. Ich fluche ein bisschen vor mich hin – ich scheine mich eindeutig verlaufen zu haben – und das gerade an dem Morgen, wo mir das Gehen so schwerfällt.

Im Moment geht aber auch alles schief. Gestern war die Pilgerherberge in Sahagun wegen der Fiesta geschlossen, den Zettel auf Spanisch an der Refugiotür habe ich nicht verstanden, Hotelbetten waren auch keine mehr frei, und so bin ich in meinem Ärger noch bis zur nächsten Herberge gelaufen. Für den Abend hatte ich mit Christiane den Telefonanruf vereinbart, in dem wir endgültig klären wollten, wo wir uns treffen werden, um dann gemeinsam das letzte Stück nach Santiago zu gehen. Nachdem ich in dem kleinen Ort endlich das öffentliche Telefon entdeckt hatte, funktionierte es natürlich nicht – und das nächste Telefon war 5 Kilometer entfernt. Und jetzt hab ich mich auch noch verlaufen! Das ist genau wie zu Hause, denk ich noch – da gehen auch immer gleich drei Sachen hintereinander schief. Aber es hilft alles nichts, ich muss wieder zurück.

Ich hatte in Calzada del Coto übernachtet. Von dort aus kann man entweder auf dem alten Pilgerweg Richtung Westen gehen – oder man wechselt auf die Pilgertrasse, eine neu angelegte Sonntagsspaziergehstrecke. Die wird alle zehn Meter von einer jungen Platane verschönt, die wegen des Wassermangels ums Überleben kämpft, jeden Kilometer gibt es eine Bank. Diese Pilgertrasse hatte ich vermeiden wollen und war auf den alten Weg ausgewichen. Aber da die Spanier wohl ein bisschen stolz auf dieses Projekt sind, ist natürlich der neue Weg markiert. Und an irgendeiner Weggabelung muss es mich dann erwischt haben, so dass ich schließlich an diesem Autobahnneubau gelandet bin.

Es hilft alles nichts, ich muss zwei Kilometer zurück, dort habe ich eine Brücke über die Autobahn gesehen – und dann werde ich halt doch notgedrungen auf die neue Strecke wechseln. Für weitere Experimente habe ich heute Morgen keine Kraft mehr. Und als ich nach anderthalb Stunden mühsamen Gehens gerade einen Kilometer von dem Refugio entfernt bin, wo ich die letzte Nacht geschlafen habe, ist meine Stimmung ziemlich auf dem Nullpunkt. Ich habe keine Kraft mehr, weder körperlich noch mental.

An der ersten Bank entlang der Pilgertrasse mache ich eine Zigarettenpause und frage mich leicht verzweifelt, wie um alles in der Welt ich in dem Zustand die 13 Kilometer schaffen soll, die vor mir liegen. In dem Moment kommt ein junger Mann den Weg entlang, bittet mich um eine Zigarette und setzt sich zu mir. Und wir beide kommen gut ins Gespräch, entdecken Gemeinsamkeiten, fangen an, miteinander über das Leben und die Lebendigkeit nachzudenken – und schließlich die behutsame Frage: Gehen wir ein Stück zusammen?

Martin ist meine Rettung an diesem Tag – und unsere Gespräche sind wohl auch für Martin, der sich aus einer ziemlich ungeklärten Situation daheim in eine aktive Denkpause auf den Camino zurückgezogen hat, die entscheidende Hilfe. Wir tun uns gegenseitig gut, werden uns wichtig, in den Gesprächen und den Gesten öffnet sich je noch Verschlossenes – und wir bleiben drei Tage miteinander auf dem Weg. Ich bin mir sicher, ohne diese Begegnung wäre mein und sein weiterer Weg nach Santiago anders verlaufen.

Als wir uns dort später wieder treffen, staunen wir immer noch, wie sich diese Begegnung gefügt hat, zu seinem und meinem Besten. Einig sind wir uns darüber, dass die »software« des lieben Gottes eindeutig die bessere ist. Planen können wir solch eine Begegnung nicht. Die ist Geschenk. Und ob wir uns begegnet wären, wenn nicht dieser Maschendrahtzaun gewesen wäre, weiß ich auch nicht. Es mag sich ein bisschen simpel anhören, aber nach meinen Erfahrungen in diesen Tagen werde ich zunehmend sicherer: Manchmal benutzt Gott sogar Maschendrahtzäune, um uns gut zu tun.

Und fast war es mir, als ob der Camino mir ein bisschen spitzbübisch zuschmunzelte, so im Sinne von: Zu zweit kann auch ganz schön sein!

15.6., LEON, 19.30 UHR

Eigentlich bräuchte grad jeder Tag zwei Stunden Schreibzeit – und wenn man zu zweit unterwegs ist, hat man die einfach nicht. Das Unterwegs-Sein mit Martin mag ich trotzdem überhaupt nicht missen.
Christiane sitzt jetzt irgendwo im Zug in Frankreich. Morgen um 14.10 Uhr ist sie hier. Das wird wieder ein neuer Abschnitt in diesen sechs Wochen – und ich bin gespannt, was sich dadurch verändern wird. Ich freue mich auf sie – und habe zugleich ein wenig Angst – und bräuchte jetzt eigentlich erstmal einen Tag für mich.
Was mir noch auffällt – in den Tagen mit Martin zusammen hat sich mein Tagebuchschreiben verändert – ich fühl zwar mehr als je zuvor die Tiefe, aber ich kann es nicht beschreiben. Ich fühl mich – und habe keine Worte dafür. Ich spür mich – und verstumme.

Interessanterweise habe ich eine ähnliche Erfahrung in Südafrika gemacht. Auch dort habe ich in den ersten zwölf Monaten sehr oft Tagebuch geschrieben. Als ich Schwester Ulrike kennenlernte, gab es sehr viele intensive Gespräche und Begegnungen – aber auch kaum noch Tagebuch.

16.6., LEON, 14.30 UHR

Christiane ist da – und da treffen schon auch zwei Welten aufeinander, so vertraut wir auch sein mögen. Diese Wochen, die hinter mir liegen, haben viel mit mir gemacht – das merke ich an der Begegnung mit dem, was in die »Zeit vorher« gehört. Noch passt der Schritt nicht. Wahrscheinlich muss man den Welten Zeit geben, sich ganz behutsam anzunähern.

Das gilt sicherlich für einen so langen Zeitraum wie vier Wochen, in denen man viel erlebt hat, aber manchmal kann auch ein Kurs von fünf Tagen so intensiv und dicht sein, dass ich Zeit brauche, um mich wieder auf zu Hause, die Menschen und den Alltag »einzuschwingen«. Dort lief alles wie gewohnt weiter, während ich mit neuen und anderen Erfahrungen zurückkomme. Da muss man erst wieder aneinander andocken.

Es ging dann übrigens überraschend gut zusammen mit Christiane – im wahrsten Sinn des Wortes. Aber »anders« war es schon ...

21.6., PONFERRADA, 20.10 UHR

es nimmt schreibmäßig vieles weg, weil es ja schon gesagt ist. Und auch spirituell haben diese Tage nicht mehr die Intensität wie noch vor kurzem. Es ging tief, wahnsinnig tief – aber ich kann nicht dauernd in dieser Tiefe leben. Ich habe viel Kraft daraus geschöpft – jetzt ist schon wieder eher die Frage angesagt, wie ich aus dieser Tiefe heraus Leben gestalten kann.

Und auch, wenn man zu zweit unterwegs ist, wenn man um die Weggefährten weiß, manche Wege wollen und müssen doch alleine gegangen werden:

30.6., RUA, 20.00 UHR

Das Melancholische – damit war ich heute allein und bei mir – und das war wohl gut so. Auch in meiner Auseinandersetzung mit diesem Weg, mit mir, bin ich allein

geblieben. Und das geht wahrscheinlich gar nicht anders.
Morgen also nun Santiago. Ja, ich bin ein bisschen wegsatt. Der heutige Tag war nochmal eine gute Zusammenfassung: abwechslungsreiche Wege, Schlammstrecken, abenteuerliche Steinbrücken, Nationalstraße, Dörfer, Bars – gefehlt haben die Einsamkeit der Bergstrecken und die Begegnung mit den Pilgern.

2.7., SANTIAGO, 1.30 UHR

Angekommen – und doch noch nicht da. In mir ist ein seltsames Durcheinander von Traurigkeit, Angst, Freude, Zuversicht, Unzufriedenheit, Glück.
Der Tag ging zu schnell vorbei – und erst heute Abend habe ich verstanden, dass ich ihn vielleicht hätte allein gehen müssen. Ich muss für mich ankommen – das geht nicht zu zweit.
Mitten in all diesem emotionalen Durcheinander trägt die Pilgersolidarität – ich bin froh, dass ich Doris, David und Martin schon getroffen habe. Ganz allein heute Abend in dieser wunderschönen Stadt – ich wäre verloren.
Ich bin noch sprachlos, wortlos in dieser Nacht.

Aber das Ankommen ist schon noch ein ganz eigenes Kapitel ...

Sich begegnen – und loslassen

Einen besonderen Reiz auf dem Camino – und das unterscheidet ihn eben doch von einem Fernwanderweg – machen die Begegnungen mit den anderen Pilgern und Pilgerinnen aus. Das gemeinsame Ziel verbindet, alle wollen nach Santiago. Jeder erlebt auf seine Weise die Mühen und Anstrengungen des Weges, die eigenen Grenzen und das Scheitern, die kleinen und großen Erfolgserlebnisse. Und (fast) alle tragen ihren Rucksack, den äußeren, aber oft auch den inneren mit all dem, was er oder sie von zu Hause an Fragen, zu Klärendem, offenen Situationen mitbringt. Also Gesprächsstoff genug für den Abend im Refugio oder ein Stück Weg, das man zusammen geht.

Und doch verlaufen solche Begegnungen durchaus unterschiedlich. Zumindest damals, als ich unterwegs war, haben sich oft eher deutsch-englische »Sprachgruppen« einerseits und französisch-spanische andererseits gefunden. Und meistens bleiben auch die Fußpilger und die Fahrradfahrer jeweils unter sich. Verständlich – diejenigen, die zu Fuß unterwegs sind, trifft man durchaus nochmal wieder und freut sich dann über das Wiedersehen, der Radfahrer ist morgen schon dort, wo ich erst in drei Tagen sein werde. Und für die einen sind eher die Fragen nach guten Wandersocken wichtig, für die anderen die Diskussion um die richtigen Reifen. Und nicht zuletzt sind einem manche Mitpilgernde sympathischer als andere, oder man begegnet sich unter besonderen Umständen und wird sich deshalb wichtig – das ist auf dem Camino auch nicht anders als sonst im Leben.

Der Aufstieg in die Pyrenäen war für mich eine solche Situation. Ich bin kräftemäßig am Ende und an meinen Grenzen. Und überlege gerade, ob es nicht sinnvoller ist, nach Saint-Jean-Pied-de-Port zurückzugehen ...

25.5., RONCESCALLES, 22.00 UHR

... auf der Straße hinter mir sehe ich plötzlich zwei Menschen mit Rucksack, in Regenponchos eingehüllt, die langsam, aber beharrlich den Weg heraufstapfen. Bei mir halten sie kurz an, erweisen sich als Iren, ein unverbindliches Hallo, ein kurzes Gespräch, dann ziehen sie weiter. Ich bleibe immer noch ratlos stehen – zurück oder weiter? Aber diese kurze Begegnung gibt mir ein bisschen Kraft, zu wenig, um zu einer Entscheidung zu kommen, genug, um die nächsten hundert Meter zu gehen. Als ich um die Kurve biege, sehe ich die beiden unter einem Baum rasten, der ein bisschen Schutz vor dem Regen bietet. Ich setze den Rucksack ab, hocke mich dazu, sie bieten mir Schokolade an, wir kommen ins Gespräch.

Ich schimpfe ein bisschen über das schlechte Wetter – aber der eine antwortet nur ganz lapidar »Now, it isn't too bad today, isn't it?« – in mir kommen viele Erinnerungen an Irland hoch, ich muss schmunzeln und frage mich, wie wohl ein Wetter beschaffen sein muss, dass ein Ire sagt: Ja, es ist wirklich schlecht! Ich erzähle von

meinen Schwierigkeiten, aber sie können mir auch nicht raten. Schließlich ziehen die beiden weiter – und wieder allein, überlege ich nochmal neu.
Durch die Begegnung ist anscheinend etwas in mir in Bewegung gekommen, das es möglich macht, jetzt eine Entscheidung zu treffen und nicht einfach nur Meter für Meter in all meiner Kraftlosigkeit weiterzutappen. Nein, es hat keinen Sinn – in dem körperlichen Zustand werde ich die Pyrenäen nicht packen, hier ist meine Grenze erreicht. Ich muss mich der Realität stellen – und zurückgehen.

Durch eines der kleinen »Wunder«, die der Camino durchaus für einen bereithält, bin ich dann doch noch an dem Abend in Roncesvalles angekommen und ...

... auf dem Hof begegne ich einem der Iren. Ich habe den Eindruck, dass er sich freut, dass ich da bin. Er lacht mich an, fragt: »You got it?« – ich nicke bestätigend – und dann sagt er »I was sure – fine! You will come to church?« Ich nicke wiederum, im Moment fehlen mir anscheinend die Worte, aber es ist grad gut so.

Später treffen wir uns beim Pilgermenü im Restaurant.

Wir unterhalten uns bestens, sind auf der gleichen Wellenlänge. Neville macht Jugendarbeit in der Diözese Dublin, Gerard hat seinen Computerjob an den Nagel gehängt, um den Camino zu machen. Als Neville mich fragt, warum ich den Weg eigentlich gehe, kommen wir in ein intensives Gespräch über Glauben und Religion und Kirche. Schließlich kommt das Essen, dazu eine Flasche Wein – und Neville fragt, ob wir vorher beten wollen. Nach kurzem Hin und Her betet er schließlich auf Englisch vor – nicht ohne klargestellt zu haben, dass das nächste Mal ich an der Reihe sei.

Durch meinen Sturz beim Abstieg von den Pyrenäen und die damit verbundene Verletzung hab ich dann erstmal den Kontakt zu den beiden verloren – aber ich sollte schon noch beim Tischgebet zum Zug kommen.

2.6., SANTO DOMINGO, 21.00 UHR

Wenn man es mir erzählen würde, ich würde es kaum glauben: Heute Morgen im Bus denke ich noch, ich lass das jetzt mit der albernen Rumrechnerei, wann ich wo wen gegebenenfalls wiedertreffen könnte, in Logrono plötzlich die Idee, hier in Santo Domingo Station zu machen – und plötzlich sehe ich all die wieder, die mir bisher auf meinem Weg wichtig geworden sind. Als ich nach dem letzten Regenschauer die Bar verlasse, stehe ich vor Neville. Die Freude auf beiden Seiten ist groß – und ich bekomme eine Einladung zum Abendessen im Refugio, Gerard ist mit Kochen dran. Ich sage gerne zu, und er brutzelt ein Gemüse-Stew zusammen. Die Vorspeise, Pasta, also Nudeln, kommt von Therese, einer jungen Amerikanerin, die mit ihrem französischen Freund unterwegs ist und etwas zu viel gekocht hatte. Die beiden habe ich auch schon mehrmals getroffen – das erste Mal vor Pamplona, als ich von meinem Knie erzählte, dann in Puente, jetzt hier, wo wir uns das erste Mal etwas ausführlicher unterhalten. Beim Abendessen bete ich vor, das hatten wir ja schließlich so in Roncesvalles vereinbart. Das nächste Mal ist Gerard dran, weiß der Himmel, wann, wo und wie das sein wird.

Die beiden habe ich erst in Leon wiedergesehen, danach verliert sich ihre Spur. Ich habe auch keine Eintragungen von ihnen in den Gästebüchern mehr gefunden und weiß nicht, was aus ihnen geworden ist. Schade.

Aber mein Weg geht trotzdem weiter.

Zwei andere treue Wegbegleiter werden Doris und David.

6.6., HORNILLOS, 16.00 UHR

In der Bar in Tardajos treffe ich Doris und David, zwei Engländer, die heute Morgen von Burgos gekommen sind. Doris hat an ihrem Rucksack einen kleinen Teddy, als Pilger angezogen. Und die beiden freuen sich an meinem Pinguin auf dem Rucksack. Mit ihnen zusammen gehe ich los – ein ganz neues und ungewohntes Gefühl für mich. Und es muss ein schönes Bild gewesen sein, unsere beiden Rucksäcke mit Teddy und Pinguin nebeneinander.
In Rabé de las Calzadas wollte ich am Dorfbrunnen noch Rast machen – und ließ die beiden weiterziehen.

Aber ich sehe sie bald wieder:

Auf der letzten Anhöhe vor Hornillos brechen Doris und David gerade auf, als ich ankomme. Sie haben Lunch gemacht und dazu Tee gekocht. Mich fasziniert es, wie man mitten in Nordspanien auf dem Camino so konsequent englische Lebensart praktizieren kann.

Auf dem Weg haben wir uns immer wieder mal getroffen, mal waren sie einen Tag voraus, mal mussten sie wegen einer Verletzung einen Tag aussetzen und waren hinter mir. Aber in Santiago – da waren sie wieder da! Meine Ankunft dort hatte mich emotional sehr aufgewühlt. Ich stehe irgendwie etwas neben mir und will gerade zurück in das Hotel ...

2.7., SANTIAGO, 14.00 UHR

... duschen, mich endlich umziehen. Mit Christiane hab ich mich um halb neun zum Abendessen verabredet. Martin sitzt in aller Selbstverständlichkeit der Welt im Straßencafé vor dem Hotel, im Gespräch mit einer jungen Frau. Wir freuen uns beide – und nachdem ich mich vergewissert habe, dass ich nicht störe, setze ich mich dazu.
Kurz darauf höre ich einen Schrei – und Doris stürzt auf mich zu. Sie sind vor zwei Tagen angekommen. Und als David noch auftaucht, ist die Runde fast wieder komplett. Ich bin froh um die Wegfreunde, sie bringen ein wenig Sicherheit in das Durcheinander in mir.

Menschen, die mit mir unterwegs sind, sind eine Konstante, etwas »Stabiles« in all dem Wechsel von Orten, Eindrücken, Stimmungen. Das verbindet und gibt Sicherheit. Und die Intensität von Beziehungen hängt nicht davon ab, wie viel Zeit man miteinander verbringt, sondern was man gemeinsam erlebt.

SANTIAGO, 23.00 UHR

Der Abend war sehr schön – für Doris und David war es der Abschied von Santiago, sie fahren morgen heim. Wir waren miteinander essen – fürstlich und preiswert – und schlendern dann noch gemütlich durch die Stadt. Der Vorplatz der Kathedrale war menschenleer, am Himmel wunderschöne Wolken. David setzt sich im Schneider-

sitz mitten auf den Platz und nimmt Abschied. Und die Tränen waren ihm wohl ziemlich nahe. Von irgendwoher spielt ein Saxophonist das Lied »Should auld aquaintance be forgot« – »Nehmt Abschied, Brüder, ungewiss ist alle Wiederkehr ...« – und da wird mir nochmal ganz seltsam zumute.
Wir haben herzlich voneinander Abschied genommen – auch Doris und David waren ein Camino-Geschenk.

Auf dem Weg habe ich das Loslassen gelernt. Man respektiert es, wenn der andere alleine gehen will und lässt ihn oder sie am Morgen ziehen – ohne zu wissen, ob man sich nochmal wiedersieht. Oder einer muss, aus welchen Gründen auch immer, bleiben – und der andere geht weiter.

15.6., LEON, 19.30 UHR

Die Tage mit Martin zusammen waren intensiv für mich und schön. Er hat mich in vielem bestätigt, was mir wichtig ist, die Lebendigkeit, das Suchen und Fragen. Und ich lerne nochmal neu, dass ich das Leben nicht festhalten kann. Festhalten würde das Geschenk der letzten Tage zerstören. So ist es gut, dass Martin morgen wieder geht, ich hierbleibe, dass wir keine Verabredung getroffen haben, sondern uns einfach freuen können an dem, was ist und sich ergibt.

Sich begegnen – und auch wieder gehen lassen. Damit bin ich nach dem Camino sehr viel gelassener und entspannter umgegangen. Manche Menschen begleiten mich auf einer bestimmten Lebensetappe. Das muss nicht heißen, dass man jeden Schritt gemeinsam macht, solange es nur in die gleiche Richtung geht.

Dann wird man sich in der einen oder anderen Kirche oder in einem Refugio schon mal wieder treffen.

Problematisch wird es dann, wenn bei mir Aufbruch angesagt ist – aber der oder die andere es sich grad irgendwo gemütlich macht und eher »sitzenbleiben« will. Dann mag man viel Kraft, Zeit und Energie einsetzen, um irgendwie noch die Verbindung zu halten, aber die Wege gehen trotzdem auseinander. Und nur die Erinnerungen an eine gemeinsame gute Zeit sind keine Grundlage für die Gegenwart oder die Zukunft. Wenn sich gelegentlich jemand aus »früheren Zeiten« bei mir meldet, reagiere ich vorsichtig: Meint der- oder diejenige die Andrea von damals und das entsprechende Lebensgefühl, das damit verbunden ist – oder bin ich, Andrea heute, gemeint?

Es gibt Beziehungen, die zu ihrer Zeit wichtig waren und mich getragen haben, sozusagen »Lebensabschnittsfreunde«. Und dafür bin ich sehr dankbar. Aber ich kann auch gut akzeptieren, dass Wege sich auseinanderentwickeln und dass man Gewesenes nicht krampfhaft festhalten muss.

3./4.7., SANTIAGO, 24.00 UHR

Und da sitze ich vor dieser wunderschönen Kathedrale – und weine ...
Ich nehme Abschied von diesen sechs Wochen, Abschied vom Camino, Abschied von Santiago, Abschied von Martin. Alles vermischt sich – und allem ist gleich, dass es nicht festzuhalten ist. Ich habe heute mit Martin nichts Konkretes vereinbart, eigentlich haben wir sogar vereinbart, dass wir nichts vereinbaren. Dieses Camino-Geschenk ist uns beiden viel zu kostbar und zu wertvoll, als dass wir uns irgendwas versprechen und zusagen wollen,

was im Alltag nicht zu leben ist und was das Geschenk dieser Tage im Nachhinein nur entwerten würde.
Vieles in mir ist sehr, sehr weich, sehr berührbar. Und ich habe viel geweint heute Abend.

Wer auf dem Weg ist, lernt loszulassen ... vielleicht. Aber immerhin sind die Chancen da größer, das zu lernen, als wenn man zu Hause bleibt. Und das könnte eine wichtige »Lektion des Lebens« sein, denn eines Tages werden wir alle loslassen müssen ...

Das Telefongespräch von gestern Abend geht mir noch nach: »Ich habe gelernt, dass ich jetzt loslassen muss«, hatte die Frau gesagt, die seit zwei Jahren um das Leben ihres Mannes kämpfte, der an Krebs erkrankt war. Ihr Mann war nach den vielen Untersuchungen und Operationen müde geworden – er wollte nicht mehr leben und konnte doch noch nicht sterben. Es war für diese Frau ein schmerzhafter Prozess gewesen, in dem sie sehr mühsam lernte, dass es eine Zeit des Kämpfens gibt, aber dass irgendwann auch der Punkt kommt, an dem man einfach nur noch »lassen« kann.
Das ist das größte, letzte und vielleicht das schwerste »Lassen« – einen geliebten Menschen zu lassen. Und manchmal mag gerade das der letzte große Liebesdienst sein, den man einem Menschen erweisen kann – ihn gehen zu lassen, ihn nicht länger festzuhalten. Wenn sein Weg jetzt heißt, sich in die Hände Gottes fallen zu lassen, weil er nicht mehr will, nicht mehr mag, sein Leben nicht mehr lebenswert findet, dann möge es dieser Weg sein. Und dann will ich mich auch nicht mehr dazwischenstellen, nur weil meine Wünsche anders sind. Das ist schwer, ja. Aber damit mache ich es dem anderen leichter

zu gehen – wenn er denn wirklich gehen will. Dann zögert mein Festhalten, mein Kämpfen all das nur unnötig hinaus, was jetzt gelebt sein will.
Der Tod eines geliebten Menschen ist die Nagelprobe, ob ich diese Lektion des Lebens gelernt habe. Immer wieder bin ich gezwungen loszulassen, nicht mehr festzuhalten. Der erste Kindergartentag, der erste Schultag, die erste Freundin, Auszug von zu Hause – bei den Kindern wird dies besonders deutlich. Und wenn wir da nicht loslassen, dann machen wir bestimmte Entwicklungsschritte unmöglich, die anstehen. Manche halten einfach fest, weil sie den anderen an sich binden wollen oder weil sie aus dem scheinbaren »Gebrauchtwerden« ihre Identität herleiten.
Auch den geliebtesten Menschen, den Ehepartner, den Freund, muss ich immer wieder loslassen. Er ist nicht mein Eigentum – lieben heißt auch, dem anderen seine Freiheit zu geben: die Freiheit, anders zu sein, anders zu fühlen, anderes zu wollen. Auch wenn es mir weh tut... »im goldenen Käfig der Liebe« gefangen zu sein, das ist nicht so besonders attraktiv, vor allem wenn einer für die Freiheit bestimmt ist.
Um zu der zu werden, die ich sein könnte, muss ich manche Bilder von mir loslassen, mich von bestimmten Erwartungen lösen – und auch meine Bilder von Gott kann ich nicht festhalten, wenn er denn wirklich der ganz Andere ist.
Freiheit und Loslassen bedingen einander – alles, was ich festhalte, ist gebunden und bindet zugleich – mich und den anderen. Und so mag es auch mit dem letzten und schwersten Loslassen sein: Ich schenke dem anderen die Freiheit, seinen Weg zu gehen – auch wenn ich mir anderes gewünscht hätte.

Ich lasse ihn los – und gebe ihn in die Freiheit Gottes hinein.

... und sage danke für das Stück Weg, das wir gemeinsam gegangen sind.

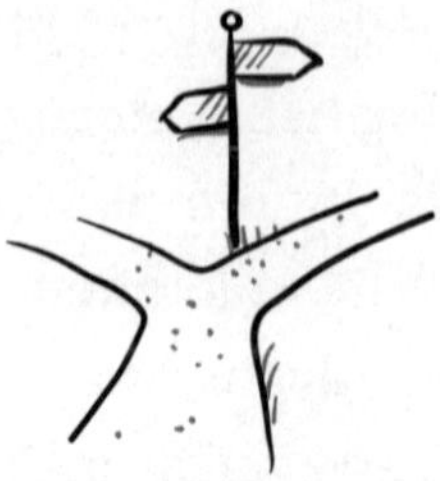

Was Weg und Ziel miteinander zu tun haben

Irgendwo hinter Burgos wurde ich von einem sehr sportlich aussehenden jungen Mann eingeholt. Er hatte einen schnellen Schritt drauf, verlangsamte aber sein Tempo, ging neben mir her und sprach mich auf Englisch an. Nach dem üblichen »woher?« und »wohin?« fragte er mich plötzlich: »Warum gehen eigentlich alle nach Santiago?«

Ich gebe zu, die Frage verdutzte mich in diesem Moment doch ein wenig. Für ihn war anscheinend Santiago mit keinerlei Bedeutung verbunden. Wenn es einen Weg mit ähnlich guter Infrastruktur nach Madrid gegeben hätte, wäre er wahrscheinlich dahin unterwegs gewesen.

Ich versuchte eine kurze Erklärung zu geben, aber er schien nicht sonderlich beeindruckt zu sein. Er wünschte noch »buen camino – guten Weg!«, zog sein Tempo wieder an und verschwand schließlich am Horizont. Für ihn war wohl der Weg entscheidend, das Ziel war weniger wichtig.

Manche Menschen verstehen auch das Leben so. Für sie zählt allein das Hier und Jetzt. Sie glauben nicht unbedingt daran, dass nach dem Tod noch etwas kommen könnte. Und dann muss man diesen Zeitpunkt eben möglichst weit hinausschieben – und vorher all das ins Leben hineinpacken, was nur irgendwie geht, denn »man lebt nur einmal«. Das kann dann allerdings schnell zu Stress führen – und zu einer Lebensart, die auf sich selbst, andere und die Umwelt manchmal wenig Rücksicht nimmt. Wer darauf vertraut oder hofft, dass es nach dem Tod noch irgendwie weitergeht, dass das Sterben nur ein Übergang, aber nicht das Ende ist, der kann möglicherweise gelassener mit dem Leben vor dem Tod umgehen. Nicht alles muss hier und jetzt erfüllt werden ... der Weg darf einfach ein Weg sein und muss nicht schon die Versprechungen des Zieles erfüllen.

Der Sinn eines Weges liegt eigentlich darin, dass er von einem Punkt zu einem anderen führt. Deshalb hat jeder Weg ein Ziel. Man geht los, weil man irgendwo hinwill, dort ankommen und vielleicht etwas Bestimmtes tun möchte. »Rundwanderwege« und »spazieren gehen« sind eine ausgesprochen späte »Erfindung« der Menschen, früher verschwendete man weder Zeit noch Kraft dafür, um im Kreis zu gehen und am Ende wieder dort zu sein, von wo man aufgebrochen war und ohne unterwegs etwas erledigt zu haben.

Ein Weg entsteht dadurch, dass viele Menschen ihn immer wieder gehen. Im Kleinen lässt sich das schön an dem Trampelpfad sehen, der sich zum Beispiel in einer Grünanlage entwickelt, weil viele Menschen lieber die Abkürzung über den Rasen nehmen, statt außen herum zu laufen. Aber es gibt auch »große Wege«, die Jahrhunderte, wenn nicht Jahrtausende alt sind – und weil sie sich irgendwie »bewährt« haben, gibt es sie immer noch. Sie haben alle Zeitströmungen überdauert und führen zu Orten, die in sich eine Kraft bergen, die sich unserem heutigen verstandesmäßigen

Denken oft entzieht – so auch der Camino und Santiago de Compostela. Dorthin haben sich seit Jahrhunderten Menschen auf den Weg gemacht, um Antworten auf ihre Fragen zu finden, Vergebung für ihre Sünden, Hoffnung für ihre Zukunft. Und so wurde aus den Schritten, die Menschen auf dieses Ziel hin gemacht haben, ein Pilgerweg. Ein Weg, der ein Ziel hat ...

Aber es gilt auch umgekehrt: Jedes Ziel hat einen oder manchmal auch mehrere Wege, die dorthin führen. Denn ein Ziel muss man erst erreichen, es ist nicht mit dem Ausgangspunkt identisch. Das Ziel braucht den Weg – das ist in Nordspanien nicht anders als in meinem Alltag. Und durch den Weg wird das Ziel erst wertvoll.

Deshalb macht der gern zitierte Satz »Der Weg ist das Ziel« aus meiner Sicht nicht allzu viel Sinn – und die Tatsache, dass er sogar auf dem Titel meines damaligen Outdoor-Reiseführers steht, macht ihn auch nicht richtiger. Er mag insofern stimmen, wenn es darum geht, den Weg selbst wichtig zu nehmen – und das, was man da erleben und was geschehen kann. Wer ihn achtet, wird schon im Gehen etwas vom Ziel erahnen und erleben können.

Aber wenn der Weg selbst das Ziel wäre, dann wäre es nur wichtig und entscheidend, unterwegs zu sein – egal wohin. Das allerdings wäre eher ein »vagabundieren«, also ein zielloses durch die Welt streifen. Der Pilger, die Pilgerin gehen auf ein Ziel zu – obwohl: auch hier mag es den einen oder die andere geben, für die das Unterwegs-Sein wichtiger wird als das Ankommen und die beim Heimkommen schon überlegen, welche Wegvariante sie das nächste Mal nehmen wollen.

Erst das Ziel richtet meine Schritte aus. Wenn ich an einem Tag nach Westen gehe, am nächsten nach

Süden und an den darauffolgenden Tagen nach Osten und nach Norden, dann war ich zwar vier Tage unterwegs, bin am Ende aber wieder dort, wo ich losgegangen bin. Wenn ich dagegen vier Tage konsequent Richtung Westen gehe, dann mag es sein, dass ich mein Ziel noch nicht erreicht habe, aber ich bin ihm immerhin vier Tagesetappen nähergekommen.

Hinzu kommt: Wenn ich kein Ziel habe, dann fehlt mir eine wichtige Komponente zur Standortbestimmung. Ich kann dann möglicherweise sagen: Ich bin zehn Kilometer hinter Astorga – aber der Ort kann irgendwo auf einer gedachten Kreislinie um diesen Ausgangspunkt liegen. Ich weiß, wo ich herkomme – aber das hilft noch nicht viel weiter. Erst wenn ich hinzufüge, wo ich hinwill, also zum Beispiel nach Rabanal del Camino, wird eindeutig klar, wo ich gerade bin.

Der Weg braucht das Ziel – und das Ziel braucht den Weg.

Es ist ja eigentlich interessant – in anderen Kontexten passiert es uns nicht so schnell, dass wir das eine mit dem anderen gleichsetzen oder gar verwechseln. Während der Corona-Pandemie hatten wir das Ziel in aller Regel klar: möglichst bald die Ansteckungsgefahr so weit bannen und in den Griff bekommen, dass wir wieder ein »normales Leben« führen können. Lock-down, Maskenpflicht, Impfungen, Home-Office ... waren der Weg, wie das erreicht werden sollte – aber sie waren nie das Ziel. Und all diese Maßnahmen mussten sich immer wieder daran messen lassen, ob sie dabei helfen konnten, Corona einzudämmen – und natürlich konnte man verschiedener Meinungen sein, ob nun etwas zielführend war oder nicht.

Übrigens gilt das auch für die Kirche und den Glauben an Gott oder, um es etwas theologischer zu sagen, das Reich Gottes. Kirche ist der Weg, aber nie das Ziel. Im Reich Gottes braucht es keine Kirche(n) mehr, denn *Gott selbst wird bei seinem Volk sein* (DIE BIBEL, BUCH DER OFFENBARUNG, KAP. 21, VERS 22). Um zu Gott zu finden, mag es durchaus verschiedene Wege geben – und unterschiedliche Möglichkeiten, auf welche Art und Weise man dort hinkommt. Und die Kirche muss sich daran messen lassen, ob sie dabei hilft, Menschen zu Gott und dem Glauben zu führen – oder eben nicht.

29.5., PUENTE LA REINA, 22.00 UHR

Mit Traute und Isabell, zwei Frauen aus Deutschland, gehe ich abends noch essen. Als sie mich fragen, warum ich unterwegs bin, erzähle ich von meiner »Lebensstufe«, meinem Übergang, dem bevorstehenden Theologiestudium, meinem Engagement in der Kirche. Und als ich im Gegenzug Isabell »interviewe«, erzählt sie, dass sie Buchhändlerin ist und aus der Kirche ausgetreten sei. Sie interessiert der Weg vor allem kunsthistorisch. Nach einer kurzen Pause fragt sie, was es denn mit mir mache, dass sie aus der Kirche ausgetreten sei. »Nichts«, sage ich, ich könne verstehen, dass manche Menschen aufgrund ihrer Lebensgeschichte und ihrer Situation Kirche nicht gerade als befreiend erlebt und deshalb die Konsequenzen gezogen haben. Aber die Antwort stimmt nicht so ganz – es macht mir doch was.

Ich finde es schade, dass vor lauter Kirche mit ihren manchmal so einengenden Strukturen und Aussagen die befreiende Kraft des Glaubens nicht bei den Menschen ankommt. Kirche ist Mittel und Weg zum Ziel, soll Weg zu Gott sein, und lässt sich nur verstehen auf Gott hin.

Und es macht mich traurig, wenn die Kirche als Hindernis für solch eine lebendige Beziehung mit Gott erlebt wird. Ich spüre bei vielen Menschen eine Sehnsucht nach Religiösem – und höre immer wieder, dass das konkrete Erleben der Kirche dem entgegensteht.
Manchmal frage ich mich inzwischen aber auch, ob die Auseinandersetzung mit der Kirche vielleicht als Vorwand genommen wird, Gott nicht an sich heranzulassen – denn das könnte ja Konsequenzen auf das eigene Leben haben ...
Jetzt bin aber auch ich neugierig geworden und frage, wie sie denn die Begegnung mit den vielen Kirchen und christlichen Elementen am Weg erleben würde? Oh, sie liebe Kirchen – und vor allem die romanischen und gotischen – und sie liebe dieses Hinaufstrebende. Und drei Sätze später sagt sie so ganz nebenbei: Eigentlich beneide ich die Menschen, die so stark im Glauben verwurzelt sind ...

Vielleicht würde es der Kirche ganz gut tun, wenn sie das Bild vom »wandernden Volk Gottes«, wie es das Zweite Vatikanische Konzil in Erinnerung gerufen hat, noch einmal für sich durchbuchstabieren, das »Pilgerkleid« anziehen und den Rucksack packen würde, um sich auf den Weg zu machen. Und auch in dem Fall wäre der Weg nicht schon das Ziel.

Aber wer konsequent Schritt um Schritt macht, der wird eines Tages ankommen ... das ist beim Glauben nicht anders als beim Pilgern.

Ankommen? Gar nicht so einfach

Auch wenn jeder Tag auf dem Camino anders ist und seine je eigenen Überraschungen hat – auch an das Unterwegs-Sein kann man sich mit der Zeit gewöhnen:

12.6., CALZADILLA DE LA CUEZA, 8.10 UHR

Normalität ist in den Pilgeralltag eingekehrt – es gehört zum Tagesprogramm, morgens zu packen, aufzubrechen, bei der Routenplanung Bars und Einkaufsmöglichkeiten zu berücksichtigen, auf dem Weg zu sein, irgendwo anzukommen, sich ein Quartier zu suchen, das Notwendige zu organisieren – um dann am nächsten Morgen wieder aufzubrechen. Und ich ahne allmählich darum, dass eine solche Art des Unterwegs-Seins auch süchtig machen kann – wenn man sich so in den Weg hineingibt, dass man das Ziel aus den Augen verliert. Dann wird man wirklich zum Abenteurer, zum Vagabunden.

Das ist eine spannende Frage. Will ich unterwegs sein (und bleiben), weil das Unterwegs-Sein so schön ist – oder will ich irgendwo ankommen? Und wann werden Routinen und Gewohnheit so wichtig, dass ich nicht mehr für Neues bereit bin?

SANTIAGO DE COMPOSTELA:
DAS NORDPORTAL DER KATHEDRALE

24.6., VEGA DE VALCARCE, 8.20 UHR

Gegen drei Uhr war ich mal wach und habe draußen eine Zigarette geraucht. Der Mond stand klar am Himmel, die Burg am gegenüberliegenden Berghang war angestrahlt – es war eine ruhige, schöne Nacht, in der ich mir fast das Ankommen nicht mehr vorstellen konnte.

Und eine Woche vor Santiago kann dann schon ein wenig Panik aufkommen …

24.6., ALTO DO POIO, 19.30 UHR

Seit der Grenze zu Galizien begleiten uns jetzt die Kilometersteine, die jeden halben Kilometer nach Santiago anzeigen. Noch sind es 143 Kilometer. Sie nerven mich ein bisschen, weil sie mich alle 500 Meter daran erinnern, dass es nur noch ... Kilometer bis nach Santiago sind, dass dieser Weg sich auch seinem Ende zuneigt. Und mir wird schlagartig bewusst, dass ich heute in vierzehn Tagen in Deutschland Supervisionen zu geben habe – mir ist vollkommen unklar, wie um alles in der Welt das gehen soll. Ich kann doch in dem Zustand, in dem ich momentan bin, keine Supervisionen machen ...

Ich mag das Ende noch nicht in den Blick nehmen – und doch kommt es unwiderruflich näher ... wie soll das nur gehen? Ich ahne darum, dass der Weg nach Santiago genauso den Weg zurück braucht. Und diesen Weg muss ich für mich noch finden ...

25.6., ALTO DO POIO, 8.00 UHR

Ich bin den Tränen nahe. Alles geht mir im Moment zu schnell. Es wäre schön, hier oben noch einen Tag zu bleiben, vielleicht der schönste Ort auf der noch verbleibenden Strecke. Ich möchte nicht, dass diese Tage vorbeigehen – und doch habe ich keine Wahl. Damit stellt sich nochmal neu die Frage nach dem »wozu?« – wozu werden mir diese Tage geschenkt und wozu nutze ich sie? Und ich ahne, dass ich in den verbleibenden Tagen eine Antwort auf diese Frage finden muss – sonst kann ich weder ankommen noch heimkommen. Wenn dieses »wozu?« keine überzeugende Antwort bekommt, dann bleiben schöne Erinnerungen, eine Sehnsucht, die kein Ziel hat, vielleicht sogar eine »Camino-Süchtigkeit«, die mich immer wieder hinaustreibt. Das aber kann es nicht sein.

MARIE VON EBNER-ESCHENBACH (SCHRIFTSTELLERIN, 1830–1916) sagte einmal: *Am Ziel deiner Wünsche wirst du jedenfalls eins vermissen – dein Wandern zum Ziel.* Was, wenn ich Santiago nicht mehr vor mir, sondern hinter mir habe?

Ein Freund, der auch nach Santiago gepilgert ist, beschrieb das Ankommen als eine der schwersten Etappen auf dem ganzen Camino. Und ich kann ihm nur recht geben.

2.7., SANTIAGO, 14.00 UHR

Wir sind gestern ein ziemlich scharfes Tempo gelaufen. Irgendwie wollten wir beide ankommen. Wir haben nicht viel miteinander gesprochen, jede war bei sich. Die Strecke selbst war nicht so spannend, auf den ersten Kilometern waren die Kilometersteine noch willkommene Wegbegleiter – um dann bei Kilometer 12 ganz aufzuhören.

Santiago selbst kommt uns freundlich entgegen, kaum Industrie, relativ bald ruhige Straßen, faszinierende Bauten. Als wir schließlich vor der Kathedrale stehen, verstummen wir beide. Wir gehen auf die andere Seite des Platzes hinüber, setzen die Rucksäcke ab, lehnen uns an eine der Säulen, rauchen eine Zigarette und schauen einfach nur. In mir ist ganz, ganz viel – aber mir fehlen die Worte dafür.

Dann gehen wir in die Kathedrale hinein – das Kirchenschiff wirkt bergend, umhüllend, mystisch auf mich – aber auch ein wenig fremd. Ich bin fast wie in Trance. Irgendwie bekomme ich gar nicht so richtig mit, was da eigentlich geschieht. Ich stelle mich in die Reihe derer, die ihre Hand in die Einkerbungen der Säule des Portals legen wollen, finde mühelos die Stelle für die Finger, die unzählig viele Pilger vor mir in den Stein gegriffen haben – fast ist mir, als schmiegt sich der Stein mir entgegen. Ich neige den Kopf auf die Steinskulptur des Baumeisters dieser Kirche – und gehe schließlich zwei Schritte ins Kirchenschiff hinein. Irgendwas bannt mich, ich kann und will jetzt nicht weiter in diese Kirche gehen, ich kann sie nicht anschauen, ich kann mich jetzt nicht hinsetzen – ich bin ganz tief bewegt.

Ich verständige mich kurz mit Christiane, der es wohl ähnlich geht. Als wir die Kirche verlassen, trippelt eine weiße Taube ganz zutraulich umher. In dem Moment bin ich nicht mehr bereit, noch irgendwas irgendwie zu deuten, es reicht an Eindrücken, und so greife ich zum letzten Mittel, um etwas nicht über das Maß hinaus an mich herankommen zu lassen – ich fotografiere.

Diese Momente vor und in der Kathedrale verlangen jetzt ihr handfestes Gegengewicht – und so machen wir uns auf die Suche nach dem Pilgerbüro, um nun auch ganz amtlich unsere Wallfahrt bestätigen zu lassen. Ob ich es dann glauben werde, wenn ich es schwarz auf weiß besitze? Immerhin – einen Versuch ist es wert.

Im Pilgerbüro, wo die *Compostela* ausgestellt wird, die Wallfahrtsurkunde, begrüßt uns ein riesenlanger Spanier. Der Santiago-Stempel, eine Liste zum Eintragen »aus welchen Gründen ...?«, eine Urkunde auf Lateinisch. Dann werden wir in ein anderes Zimmer gebeten, wo uns ein priesterlich aussehender Herr dreimal die Hand schüttelt, beglückwünscht, willkommen heißt und wieder verabschiedet. Etwas verdutzt stehen wir schließlich vor der Tür – und wissen nicht so recht, wie uns geschah. Es hatte was von einem gut organisierten Verwaltungsakt in einer Behörde – aber es half grad nicht beim Ankommen.

(Auch hier ist man inzwischen mit der Zeit gegangen. Um mit der Zahl der Pilger irgendwie klarzukommen, gibt es heute wohl mehrere Schalter, für die man eine Nummer ziehen muss, so dass man ungefähr abschätzen kann, wann man »drankommt«.)

Christiane und ich trennen uns. Ich brauche jetzt Zeit für mich, würde gerne probieren, Martin zu finden, träume noch meinen Traum vom weichen, weißen Sweat-Shirt. Ich laufe durch die Stadt, die sich als überraschend lebendig erweist, immer wieder Fetzen von Musik, neue, schöne Blickwinkel, Menschen – aber schließlich reicht es mir. Und Martin in diesem Durcheinander zu finden, das ist eh aussichtslos. Also zurück zum Hotel, duschen, endlich umziehen. Ich fühle mich frei genug, hier kein Besichtigungsprogramm absolvieren zu müssen. Vorrangig ist im Moment, dass ich wieder Boden unter die Füße bekomme, ankomme, Fuß fasse, den Tritt finde. Und so kann ich auch jetzt gut zwei Stunden hier in der Bar sitzen und Tagebuch schreiben und dann Mittagsschlaf machen. Ich verpasse nichts, ich muss nichts tun – ich kann und darf lassen …

Es ist interessant … als ich jetzt das Buchmanuskript zusammenstellte, habe ich dieses Kapitel immer wieder vor mir her geschoben … so als ob ich auch jetzt nicht sicher bin, ob ich überhaupt ankommen mag. Und obwohl ich die entsprechenden Tagebuchnotizen schon seit einigen Tagen in einer Datei zusammengefasst habe, sind mir bisher auch noch keine vergleichbaren Erfahrungen eingefallen. Studium, Viernheim, Südafrika, Rente – war alles irgendwie anders. Das mag mit mehreren Faktoren zusammenhängen:

Zum einen hat mich Santiago als Ziel über einen langen Zeitraum beschäftigt und ausgerichtet. Da musste erst einmal die Entscheidung getroffen werden – und der entsprechende Zeitraum musste über zwei Jahre hinweg von Terminen freigehalten werden. Mich beschäftigten Packlisten und passender Schlafsack und Treckinghosen. Die Wanderschuhe waren zwar schon eingelaufen, aber ich brauchte etwas mehr Kondition. Wer versorgt die Post und die Blumen in der Wohnung, wo kann ich mein Auto in der Zeit lassen? Ein Vierteljahr vorher war das ganze Unternehmen nochmal in Frage gestellt, weil sich mein Vater mit 81 Jahren einer Hüftgelenksoperation unterziehen musste.

Zum anderen hatten diese Wochen des Unterwegs-Seins selbst eine hohe Intensität an Gedanken und Empfindungen. Zu den vielfältigen Eindrücken von außen, all dem Neuen und Ungewohnten, kamen die eigenen Gefühle und Erfahrungen: an Grenzen kommen, verletzt sein, durchkreuzte Pläne, erfüllende Begegnungen, Weggefährten, kleine und große Erfolgserlebnisse – selten in meinem Leben lag das so komprimiert in sechs Wochen beieinander.

Über einen langen Zeitraum hinweg, ab dem ersten Gedanken »sollte ich vielleicht ...?«, wird das Ziel quasi mit Energie »aufgeladen«. Wenn ich mich spontan in ein Flugzeug setzen würde, könnte ich in einem halben Tag in Santiago sein – und würde wahrscheinlich überhaupt nichts an größeren Emotionen spüren. Der lange Anweg macht das Ziel wertvoll, oder wie es AN-

TOINE DE SAINT-EXUPÉRY (FRANZÖSISCHER SCHRIFTSTELLER, 1900–1944), im »Kleinen Prinzen« schreibt: *Die Zeit, die du für deine Rose verloren hast, sie macht deine Rose so wichtig.* Und das sind bei Santiago eben nicht nur die Zeit, die man investiert hat, sondern auch die Kraft und die Gefühle.

Ein Ziel, das nur um die Ecke liegt und mühelos in kurzer Zeit zu erreichen ist, hat lange nicht die Bedeutung wie eines, das weit entfernt ist und viele Anstrengungen erfordert. Deshalb mag es eben doch einen Unterschied machen, ob ich nur die letzten einhundert Kilometer nach Santiago laufe – oder achthundert Kilometer, ob ich sieben Tage oder sieben Wochen unterwegs bin, ob ich schwitzend meinen Rucksack selbst den Berg hochtrage oder ihn von einem Gepäcktransfer transportieren lasse. Das, was ich investiere, um mein Ziel zu erreichen, lädt es sozusagen entsprechend mit Energie auf.

Bei mir kam dann sicherlich noch meine Auseinandersetzung mit Gott und dem Glauben dazu. Ich bin den Camino aus religiösen Gründen gegangen, wollte damit auch Gott danke sagen dafür, dass ich ihn neu finden durfte.

In dieser Kombination von Leib, Geist und Seele, verbunden mit der zeitlichen Dimension, entsteht eine Ganzheitlichkeit, die wahrscheinlich kaum zu überbieten ist. Das können kein Abschluss eines Studiums, keine neue Arbeitsstelle, kein ehrenamtliches Engagement in Südafrika oder die Rente leisten.

Und das ist in der Form auch nicht wiederholbar, sondern einzigartig. Man kann nur einmal zum ersten Mal ankommen. Ein »nächstes Mal« wäre anders – und müsste sich immer an diesem Erleben messen lassen.

Kann sein, dass all dies, mehr oder weniger bewusst, mit ein Grund war, warum ich nie mehr ernsthaft mit dem Gedanken gespielt habe, nochmal nach Santiago zu gehen. Diese Einzigartigkeit soll einzigartig bleiben.

Es gibt nur ein »Ankommen«, von dem ich mir denken könnte, dass es eventuell irgendwie diese Intensität und Ganzheitlichkeit haben kann – wenn ich eines Tages sterben werde und dann, nach meiner Überzeugung, bei Gott ankommen werde. Aber dieses Ankommen wird dann hoffentlich eher ein Heimkommen sein. Und damit kann ich gerne auch noch etwas warten – und zum Glück gibt es da keine Kilometersteine, die mir sagen, wie weit es noch bis dahin ist.

Gottesdienst – Obdach für die Seele

Ich durfte in meinem Leben viele berührende Gottesdienste erleben. Die waren oft anders, frischer, persönlicher, manchmal auch experimenteller als so manche traditionellen Formen in Gemeinden. Das fing schon früh in der katholischen Jugendarbeit an, später waren es Gottesdienste in Tagungshäusern und Klöstern oder dann auch durchaus einfache Werktagsmessen mit einem kurzen, aber passenden Impuls. Ich habe Gemeinschaft erlebt, einen vertrauten und doch immer wieder überraschend neuen Ritus (wenn er mit Leben gefüllt war) – und Halt, Zuspruch und Ermutigung in der Eucharistie und den Worten der Bibel. Die Priester, die diese Messen geleitet haben, stehen mit ihrem Leben für diese Botschaft ein, sie waren und sind überzeugt und überzeugend. Und wenn das gegeben ist, kann ich meinen Glauben wirklich feiern und dafür danken, dass dieser Gott des Lebens mit mir auf dem Weg ist. Und für mich ist das so, als ob meine Seele Obdach findet. Auch auf dem Camino waren Gottesdienste für mich deshalb wichtig – und der Höhepunkt natürlich die Pilgermesse in Santiago:

2.7., SANTIAGO, 14.00 UHR

In der Pilgermesse hat es mich gepackt ... es war beeindruckend, die wunderschöne, dunkle Kirche, der erleuchtete Altarraum, die Menschen, die an der Jakobusfigur vorbeizogen und den Apostel umarmten, das Spiel der Orgel ...
Für mich war es wichtig, dass Christiane, Doris, David und ich nebeneinandersaßen und zwei Pilgergefährtinnen der letzten Tage eine Fürbitte vortrugen, die Schwedin und eine aus der italienischen Gruppe.
Als sie dann das große Rauchfass hochzogen und 25 Meter quer durch die Kirche schwenkten, war es endgültig um mich geschehen. Ich konnte nicht mehr sitzenbleiben, ich musste aufstehen – und mir kamen die Tränen.

Aber es hatte auch schon in Saint-Jean berührend und überraschend anders angefangen:

25.5., SAINT-JEAN-PIED-DE-PORT, 0.20 UHR

Als ich um fünf vor neun in die Kirche kam, saßen gerade zehn Frauen da, und ich dachte noch: na ja ... Mit dem Glockenschlag kam noch eine Gruppe Männer – und ca. zehn Minuten später waren es etwa sechzig Menschen. Als der Gottesdienst begann, horchte ich plötzlich auf: Das war doch kein Französisch?! Es dauerte ein wenig, bis mir klar wurde, welches Geschenk ich hier bekam: ein Gottesdienst in baskischer Sprache! Und die Lieder, ebenfalls baskisch, mit alten Melodien, die mich eher an irische Folk-Songs erinnerten als an »Ein Haus voll Glorie schauet ...« – die Gemeinde sang mit einer Inbrunst diese Lieder mehrstimmig, als wären wir bei einem Festgottesdienst mit vollzählig anwesendem

Kirchenchor. Und es wurden viele Lieder gesungen … es war für mich eine sehr dichte und intensive Stunde in dieser Kirche in Saint-Jean, das ging unter die Haut, hat mich sehr berührt.
Im Evangelium, das ich vorher auf Deutsch nachgelesen hatte, die Aussendung der Jünger und die Zusage Jesu: *Und siehe, ich bin mit euch alle Tage bis zum Ende der Welt* (DIE BIBEL, MATTHÄUS-EVANGELIUM, KAP. 28, VERS 20).
Ich darf vertrauen, dass Gott mitgeht, dass seine Zusage mir gilt. Welch ein Geschenk für diesen Tag des Aufbruchs!

»Alle Tage bis zum Ende der Welt« meint in dem Zusammenhang zunächst einmal eine zeitliche Dimension, aber ein »Ende der Welt«, auf Lateinisch *finis terrae,* gibt es auch in der Verlängerung des Caminos über Santiago hinaus – das Kap Finisterre an der Atlantikküste. Für viele Pilger war und ist es reizvoll, diese Etappen noch zu gehen und dann dort am Kilometerstein 0,0 Kilometer ihren Weg zu beenden. Dass gerade diese Schriftstelle am Beginn meines Caminos steht!

Trotz der anstrengenden Pyrenäen-Überquerung war der Gottesdienst am nächsten Abend überhaupt nicht in Frage gestellt:

25.5., RONCESVALLES, 22.00 UHR

Um 17.45 Uhr bin ich nach Roncesvalles hineingestolpert, anders kann man es wohl nicht beschreiben, und weiß, dass am Sonntag um 18.00 Uhr Pilgermesse ist. Ungeduscht und in den dreckigen Klamotten komme ich mit einer Minute Verspätung in die Kirche. Es ist noch einmal ein Sonntagsgottesdienst, diesmal eben auf Spanisch. Ich verstehe so gut wie überhaupt nichts, aber es macht nichts. Ich bin nur froh, dass ich angekommen bin. Die Inszenierung ist gut gemacht: Ein Mann gibt die Einsätze für den Gemeindegesang, zum Salve Regina, dem Marienlied zum Abschluss, wird in der Kirche das Licht ausgeschaltet, nur die Marienfigur wird angestrahlt, es gibt einen Pilgersegen, bei dem die Pilger mit ihren Herkunftsländern genannt werden und vor dem Altar stehen. Das ist nochmal ein dichter Moment für mich: nach diesem Tag mit all seinen Grenzen, mit all dem Schönen, nach der ersten Etappe noch einmal für den Weg gesegnet zu werden.

Die Etappe am Tag darauf nach Zubiri ging noch halbwegs, aber dann machte mir das Knie als Folge des Sturzes doch erste Probleme:

27.5., TRINIDAD DE ARRE, 21.00 UHR

Um halb acht soll Gottesdienst sein. Ich öffne die Kirchentür – und bleibe verblüfft stehen. Was von außen so unscheinbar ausgesehen hat, erweist sich als ein schöner Kirchenraum, geschmackvoll und mit Liebe eingerichtet. Im Altarraum hängt ein großes Kruzifix von der Decke und wirft aufgrund der Beleuchtung interessante Schatten. Ich gehe in eine Bank nahe der Tür, stelle die Einkaufstüten ab, knie hin – ob das Knie das wohl mitmacht? Doch, das geht noch – und sehe im Altarraum plötzlich eine große Figur des Apostel Andreas stehen. Fast scheint es, als schmunzle er mir zu wie damals im Petersdom, als wolle er sagen: Hör mal, bloß weil du jetzt nach Santiago gehst, heißt das ja noch lange nicht, dass nur noch der Kollege für dich zuständig ist. Ich bin

ja schließlich auch noch da! Als dann der Priester zum Gottesdienst einzieht, der Altarraum hell erleuchtet, festlich geschmückt, bin ich den Tränen nahe. In all der Fremde, dem Alleinsein der letzten Tage – hier bin ich daheim, hier bin ich zu Hause.
Der Gottesdienst dauert nur 23 Minuten – aber meine Stimmung schlägt um. Die Sache mit dem Knie hatte mich doch mehr gebeutelt, als ich mir selbst zugestehen wollte – jetzt fühle ich mich wieder »aufgehoben«. Und so kurz der Gottesdienst auch war, er war nicht lieblos heruntergelesen. Und ich weiß plötzlich auch, was mir die letzten beiden Tage gefehlt hat: die Kirchen und die spirituelle Ausrichtung. Ich war so mit dem »Überleben« und der Gestaltung des Tages beschäftigt, dass mir das Spirituelle irgendwie weggerutscht ist trotz der Laudes am Morgen. Der Weg hatte sich in den Mittelpunkt gedrängt, das Ziel war verloren gegangen …
Und das nehme ich mit vom heutigen Tag: Mir fehlt der Halt, der Boden, wenn ich aus meiner Beziehung zu Gott herausfalle. Dann erlebe ich mich wirklich in der Fremde und im Elend, was das Wort »pilgern« ursprünglich bedeutet. Solange ich in Gott bin, bin ich geborgen und aufgehoben – selbst auf den ungewöhnlichsten Wanderwegen in Nordspanien.

Aber natürlich erlebt man auf dem Camino, genau wie in Deutschland auch, Gottesdienste, die nicht so besonders überzeugen:

7.6., CASTROJERIZ, 19.30 UHR

Ich bin etwas verunsichert. Ich dachte eigentlich, es sei der Vorabendgottesdienst vom Sonntag. Irgendwie scheint der Priester auch das entsprechende Evangelium gelesen zu haben, wenn ich es richtig mitbekommen habe. Aber die Messe war nach zwanzig Minuten vorbei – ohne ein Lied, ohne Gloria, ohne Predigt, die Kerzen auf dem Altar wurden erst nach dem Schuldbekenntnis angezündet. Der Priester jagte durch die Liturgie, als ob er einen neuen Schnelligkeitsrekord aufstellen sollte. Als er sich die Nase putzte, hat er dabei einfach laut weitergebetet – und bei den Fürbitten kam die Gemeinde noch nicht mal dazu, das »wir bitten dich, erhöre uns!« fertig zu beten – spätestens bei dem Wort »dich« (wenn man es jetzt mal auf die deutsche Formulierung überträgt) hastete der Priester schon die nächste Bitte herunter. In der Art spricht es mich nicht an – und hat für mich eigentlich auch nichts mehr mit Gottesdienst zu tun.

In Kirchen und Gottesdiensten fühle ich mich in all meinem Unterwegs-Sein oft zu Hause und geborgen: ein geschützter Raum, ein Ritus, der mir vertraut ist, auch wenn ich die Sprache nicht verstehe, Orte und Zeiten, in denen ich ankommen, loslassen und, wenn es denn angesagt ist, weinen kann ...

Im Mai 2008 war ich das erste Mal in Mariannhill in Südafrika. Für mich war es ein weiter Weg bis dorthin gewesen, ein langer Prozess, drei Jahre mit Suchen, Finden, Verwerfen, neu Überlegen. Ob es dieser Ort jetzt sein sollte? Ich wusste wenig von der Geschichte des Ordens, mit Sr. Maria Corda, der Oberin des Konventes, hatte ich nur einige Mails gewechselt, die zuerst auch alle im Spamfilter des Servers landeten. Nach einem langen Nachtflug von Frankfurt nach Johannesburg und dem Anschlussflug nach Durban kam ich

schließlich gegen Mittag dort an – ein wenig müde, und die Seele war den Weg noch nicht so ganz nachgekommen. Ich war etwas aufgeregt, wie würde das alles gehen?
Die Schwestern holten mich am Flughafen ab, es war ein sehr herzlicher Empfang, ich bekam noch etwas zum Mittagessen, das man extra warmgehalten hatte, und ein Zimmer im Konvent. Maria Corda erläuterte mir kurz den Zeitplan mit den Gebetszeiten und »also – falls du magst, morgen früh um 6.00 Uhr feiern wir Eucharistie.« Es war als liebevolle Einladung gemeint – so verstand ich es. Und so konnte ich auch sagen: »Grundsätzlich gerne – ob ich das morgen schon schaffe, weiß ich grad nicht, ich hab die letzte Nacht doch wenig geschlafen!«
Aber ich stellte den Wecker, kam irgendwie aus dem Bett heraus, trank rasch noch eine Tasse Kaffee und kam dann doch, wenn auch noch ein wenig verschlafen, grad rechtzeitig zum Gottesdienst.
Schlagartig wach aber wurde ich beim ersten Lied, das gesungen wurde – und es war ja wirklich nicht zu glauben: »Here I am, Lord«! Hier bin ich, Gott. Es war das Lied, das Angelo von Südafrika mit in unsere Gemeinden nach Viernheim gebracht hatte und zu einem meiner Lieblingslieder geworden war. Ich war nur froh, dass ich in der letzten Bankreihe saß, denn ich heulte wie ein Schlosshund – und wusste zugleich: Ich bin angekommen! Hier ist der Ort, das ist die Zeit – mein Ort, meine Zeit. Und als dann in der Laudes, dem Morgengebet, das die Schwestern in den Gottesdienst integriert hatten, noch der Psalmvers »Herr, zeige mir deinen Weg – ich will ihn gehen in Treue zu dir!« kam, heulte ich gleich zum zweiten Mal. Dieser Vers ist zu meinem Stoßgebet geworden, wenn ich die Orientierung verloren habe,

wenn ich nicht mehr weiß, wohin mein Weg führen soll. Nein – erklären kann ich es nicht. Aber für mich war es in diesem Moment klar: Wenn mich die Schwestern in Mariannhill wollen, dann komme ich, dann bin ich da. Here I am, Lord.
Übrigens: Ich war ja seitdem schon in vielen Gottesdiensten im Konvent – aber das Lied ist nie wieder gesungen worden, wenn ich dabei war.
»Herr, zeige mir deinen Weg, ich will ihn gehen in Treue zu dir!« – ich glaube, er hat mein Angebot angenommen. Und ich wurde und werde auf Wege geführt, die ich in meinen kühnsten Träumen nicht erwartet hätte.

Solange Gott mitgeht, traue ich mich, solche Wege zu gehen.

Allerdings – berührende Gottesdienste an diesen Wegen zu finden und damit ein Obdach für die Seele, das wird zunehmend schwieriger ... und ich bin mir nicht sicher, ob dies nur an mir liegt ...

Die Sehnsucht geht weiter – nach Hause kommen

Schon während des Weges ahnte ich, dass auf mich noch eine schwierige Etappe warten würde:

17.6., LEON, 0.40 UHR

In mir ist plötzlich die Frage, wie wird das mit dem Heimkommen sein, mit all den neuen Erfahrungen? Vielleicht ist das sogar noch die größte Herausforderung des gesamten Weges – verändert zurück in den Alltag ...

In Santiago bleibt man, meistens jedenfalls, nicht viel länger als zwei oder drei Tage. Manche gehen dann noch weiter bis nach Finisterre, andere haben schon von zu Hause den Rückflug gebucht, einige nehmen den Fernbus oder die Bahn – und ein paar wenige machen sich zu Fuß wieder auf den Rückweg. Aber irgendwann steht man wieder zu Hause vor der Tür und kommt heim ... oder versucht es wenigstens ...

5.7., WAHLHEIM, 19.40 UHR

Heimkommen? Es fällt mir schwer ... sogar 32 Stunden Zugfahrt haben dabei nicht geholfen.
Ich ignoriere erfolgreich die Poststapel, sitze an meinem Esstisch, habe die CD mit der galizischen Musik aufge-

legt, die immer von dem kleinen Geschäft in Santiago zu mir ins Hotelzimmer hochklang – und in mir sind ganz viele Bilder...
Wie macht man das, nicht mehr zu pilgern? Wie soll ich am Dienstag Supervision geben? Was mache ich am Donnerstag mit der Kursgruppe? Wie kommt man in den Alltag zurück? Ich weiß es nicht ... und bin im Moment ratlos. Das Auto fährt zu schnell, die Wohnung ist so groß, der Kleiderschrank übervoll ...
Der Camino geht weiter – aber ich habe grad die gelben Pfeile verloren.

Ich kann mich gut erinnern, wie ich mich am nächsten Morgen fragte: Was soll ich denn bloß anziehen? Sechs Wochen lang war das einzige Kriterium, welches der drei T-Shirts oder Polos am wenigsten dreckig ist. Und plötzlich stehe ich vor Stapeln von sauberer Wäsche! Wenn ich damals die Gunst der Stunde zum Aussortieren genutzt hätte, wären sicherlich mehrere Säcke in den Altkleider-Container gewandert ...

Ich mache erstmal das, was ich die letzten sechs Wochen getan habe: Ich gehe in die Kirche – und am Nachmittag wandern.

6.7., DONNERSBERG, 14.00 UHR

Schön, dass ich heute Morgen gleich in den Gottesdienst konnte. Ich war ein bisschen zu spät – Angelo sagte grad was am Ambo und geriet doch leicht aus dem Konzept, als er mich sah. Er selbst musste wieder weg, und so begrüßten wir uns nur kurz, aber herzlich und vereinbarten zu telefonieren.
Beim Wandern muss ich mir dauernd klarmachen, dass ich nicht mehr auf dem Camino bin. Die Suche nach

BLICK VOM CAMINO NACH FINISTERRE ZURÜCK AUF DIE KATHEDRALE VON SANTIAGO DE COMPOSTELA

gelben Pfeilen ist relativ aussichtslos, und wenn ich die anderen Wanderer mit »Hola!« grüßen würde, würde ich sicher auch nur seltsame Blicke ernten.
Noch ist mir alles zu groß, zu schnell, zu viel und manchmal auch zu laut. Mein Schlafzimmer erscheint mir riesig – an so viel Platz bin ich gar nicht mehr gewöhnt.

Wer heute pilgert, kann vieles von dem, was er oder sie unterwegs erlebt, sehr zeitnah über die digitalen Medien an Familie, Freunde und Bekannte weitergeben – bis hin zu Fotos und Videoclips. Ohne Smartphone gab es diese Möglichkeiten damals nicht – telefonieren war umständlich und teuer, die Diafilme mussten erst zum Entwickeln eingeschickt und dann noch gerahmt werden, und so war man vor allem auf das Erzählen oder das Schreiben als Form der Verarbeitung angewiesen.

Noch vor meinem Aufbruch hatte ich einen Termin mit meinem geistlichen Begleiter vereinbart – wahrscheinlich ahnte ich, dass es einiges zu berichten geben würde.

7.7., MAINZ, 20.00 UHR

Es tut gut, von all den spirituellen Erfahrungen sprechen zu können, die mir auf dem Weg geschenkt wurden – und dabei nicht als verrückt angesehen zu werden.
Als ich von meiner Knieverletzung in Pamplona berichtete, meinte der Begleiter nur trocken: »Bei Ignatius hat es genauso angefangen«, und bezog sich damit auf Ignatius von Loyola, den Begründer des Jesuitenordens, der damals auf seinem Krankenbett zum Glauben gefunden hatte.
Am Schluss habe ich mich entschuldigt, dass ich ihn heute so »zugeredet« habe – aber er hat nur geschmunzelt und gemeint, es sei spannend gewesen – ich kann mir vorstellen, dass es eine ganz interessante Abwechslung zu seinem Alltag war.

Gerade wenn man längere Zeit auf dem Weg war oder sehr intensive Erfahrungen gemacht hat, kann es sein, dass man verändert wieder in seinen Alltag zurückkehrt – oder sogar Entscheidungen trifft, die Auswirkungen auf das eigene Leben haben. Eine alte Pilgerweisheit bringt es so auf den Punkt: Da, wo der Jakobsweg aufhört, fängt der eigentliche Weg erst an. Manches deutet sich aber unterwegs vielleicht auch schon an:

9.6., FROMISTA, 22.00 UHR

Irgendwas ist anders geworden …
Es mag sich verrückt anhören – aber ich laufe anders, ich stehe anders – und irgendwas in mir ist weicher geworden. Fast habe ich das Gefühl, als ob etwas Erstarrtes, Verkrustetes neu ins Fließen gekommen ist, sich neu ordnet …
Was wandelt sich in mir, bei mir in diesen Tagen? Und was bleibt?
Ich krieg's noch nicht ganz auf die Reihe – verwundbarer, berührbarer, weil ich stärker geworden bin? Stärker geworden, weil ich berührbarer geworden bin? Ist die Stärke die Berührbarkeit, die Berührbarkeit die Stärke? Wenn ich aufbreche und losziehe, wer oder was ist dann eigentlich dieser Gott für mich? Ein Gott, der mitten in allem Wandel bleibt, ein Gott, der sich mitwandelt – ein im Wandel bleibender Gott, ein sich im Bleiben wandelnder Gott? »… und hat unter uns sein Zelt aufgeschlagen« – die Zeile aus dem Prolog des Johannes-Evangeliums in der Bibel kommt mir in den Sinn – in einer alternativen Übersetzung. Vielleicht: Gott bleibt im Wandel, wandelt sich im Bleiben. Oder wandelt sich nur mein Bild von Gott? Geheimnis des Glaubens – deinen Tod, o Herr, verkünden wir, und deine Auferstehung preisen wir, bis du kommst in Herrlichkeit … wandeln und bleiben, werden und sein – Einladung zur Nachfolge?

Übrigens: Das Wort »wandeln« kommt von »wenden« – eine »Wandelhalle« ist ein Raum, in dem man hin und her geht und sich dabei immer wieder umwendet. Mit jedem »Umwenden« aber wechselt auch die Blickrichtung, man sieht woanders hin und sieht deshalb anderes. Spannend, dass auch das Wort »wandern« die gleiche Wortwurzel hat. Und wer sich auf den Weg macht, der ändert die Perspektive und wird dadurch anderes entdecken. Und wird sich vielleicht wandeln ...

Eine wichtige Hilfe für mich beim »Sortieren« der vielen Eindrücke und Gedanken war das Abtippen meiner handgeschriebenen Pilgertagebücher in den Computer. Und dabei wurde mir plötzlich etwas klar:

10.7., ACHERN, 14.00 UHR

Als ich gestern Abend den Tagebucheintrag von Saint-Jean in den Computer tippte, fiel mir auf, dass »mein« Camino von Bibelstellen eingerahmt ist, die alle etwas mit Auftrag und Sendung zu tun haben. Am Samstagabend in den Pyrenäen war es die Aussendung der Jünger bis ans Ende der Welt, am letzten Sonntag beim Gottesdienst hier in Freimersheim die Berufung des Propheten Ezechiel, und »Nehmt nichts mit auf den Weg!«, die Stelle, die mich in Carrion so berührt hatte, wird am kommenden Sonntag gelesen.

Da hatte ich meine Antwort auf die Fragen »Wozu gehe ich den Camino?« und »Wozu will ich Theologie studieren?« Ich hatte mich auf den Weg gemacht, weil ich mich neu in Gott verliebt hatte und dafür »danke« sagen wollte. Das aber ist immer zugleich Auftrag und Sendung: »Geh zu den Menschen und bring ihnen die gute Nachricht, die Botschaft der Befreiung!« In der Liebe zu Gott zu den Menschen gehen und sich in Dienst nehmen lassen:

Und er sandte die Jünger aus, das Reich Gottes zu verkünden und die Kranken gesund zu machen. Er sagte zu ihnen: Nehmt nichts mit auf den Weg, keinen Wanderstab und keine Vorratstasche, kein Brot, kein Geld und kein zweites Hemd!

DIE BIBEL, LUKAS-EVANGELIUM, KAP. 9, VERSE 2–3

Diese Schriftstelle begleitet mich seitdem und ist zu einem wichtigen Leitsatz in meinem Leben geworden.

Etwas verblüfft war ich allerdings, als ich vor einigen Tagen einen Spruch von Mutter Teresa (1910–1997) fand, einer Ordensschwester in Indien, die sich um Sterbende und Kranke bemühte und dafür den Friedensnobelpreis erhalten hat. Sie sagte einmal: »Berufung ist die Einladung, sich in Gott zu verlieben und diese Liebe unter Beweis zu stellen.« Auch wenn an der Art und Weise ihres Einsatzes immer mal wieder Kritik geübt wird, so ist doch ihre tiefe Beziehung mit Gott, mit allen Höhen und Tiefen, Grundlage ihres Lebens gewesen.

Da hatte sich also noch eine in Gott verliebt … mindestens eine …

Damals beschäftigte mich aber kurz vor Santiago nicht nur die Frage nach dem konkreten »Heimkommen«, sondern auch der Gedanke, wie es wohl eines Tages sein wird, wenn ich endgültig zu Gott gehe? Beim Pilgern erreiche ich nach Wochen endlich mein Ziel – aber diesen Ort muss ich wieder verlassen. Wenn ich einmal am Ende meines Lebens bei meinem himmlischen Vater ankomme, dann möchte ich bleiben dürfen. Ich will nicht noch einmal von vorn anfangen, habe keine Lust auf: neues Spiel – neues Glück!

Deshalb hat der Gedanke an Wiedergeburt und Reinkarnation für mich überhaupt nichts Reizvolles, im Gegenteil. Mir ist die Einmaligkeit meines Lebens wichtig – auch wenn es nicht vollkommen gewesen sein mag. Die Grenzen, die Gebrochenheit, die verpassten Möglichkeiten gehören genauso zu mir dazu wie all das Schöne, einzigartig Gelebte. Erst diese Höhen und Tiefen ergeben ein Profil. Ich möchte an einen Gott glauben, der mich in meiner Originalität geschaffen hat – und da gehören meine Fehler, Macken und Unvollkommenheiten dazu. Und ich bin mir sicher: Gott wird Erbarmen und Nachsicht mit mir haben.

Eines Tages
werde ich
das letzte Mal umziehen

und dann brauche ich
gar nichts einpacken und mitnehmen

ich kann alles dalassen
und einfach losziehen

und ich werde
ankommen

heimkommen
und bleiben dürfen

und endlich
unendlich

frei
sein

Wir dürfen hier auf der Erde zu Gast sein und dies entsprechend gestalten und genießen – aber wir haben auch ein Wohnrecht im Himmel. *Im Hause meines Vaters gibt es viele Wohnungen!* (DIE BIBEL, JOHANNES-EVANGELIUM, KAP. 14, VERS 2) – die Zusage gilt! Dort ist der Platz für uns schon vorbereitet. Und es werden Wohnungen sein – und eben keine überfüllten Massenschlafräume!

Aber – wissen wir, was es heißt, daheim zu sein, heimzukommen? Mich hat ein Satz sehr berührt, den ich in einem Roman von Henning Mankell gelesen habe, in dem Buch »Der Chronist der Winde«.[15] Es ist die unsagbar zärtliche und doch zugleich harte und brutale Lebensgeschichte des zehnjährigen afrikanischen Straßenjungen Nelio – und an einer Stelle sagt er: »Die Menschen heute bauen keine Häuser mehr, sie bauen Verstecke!«

Könnte es sein, dass auch wir ein Versteck aus unserem Leben gemacht haben? Ein Versteck vor den anderen Menschen, vor mir selbst, vielleicht auch vor Gott?

Heimkommen, endlich Heimat finden, zu Hause sein, keine Verstecke mehr zu brauchen – vielleicht ist genau das die unendliche Sehnsucht unseres Lebens.

Kurz vor seinem Sterben erinnert sich Nelio an seinen Vater: »Mein Vater war ein sehr kluger Mann. Er lehrte mich, zu den Sternen aufzuschauen, wenn das

Leben schwer war. Wenn ich den Blick dann wieder auf die Erde senkte, war das, was eben noch übermächtig war, auf einmal klein und einfach.«

Zu den Sternen schauen? Eine alte Legende erzählt, dass Jakobus im Traum Karl dem Großen einen Sternenweg zeigte und ihm prophezeite, dass er einen Feldzug nach Galicien machen würde und alle Völker dorthin pilgern würden. Und das angebliche Grab des Apostels wurde nach einer anderen Legende deshalb durch einen Eremiten aufgefunden, weil es dort seltsame Lichterscheinungen gab, ein »Sternenfeld«, auf Lateinisch *campus stellae*. Daraus soll sich dann das Wort »Compostela« gebildet haben, so eine Deutung. Und der Begriff »Sternenweg« wurde zu einem Synonym für den Jakobsweg.

Auch die ersten »christlichen Pilger« sind schon einem Stern gefolgt (DIE BIBEL, MATTHÄUS-EVANGELIUM, KAP. 2, VERSE 1–12). Es waren Sterndeuter, manchen bekannter als die »Heiligen Drei Könige«, die aus dem Osten kamen und auf der Suche nach einem neugeborenen König waren – und sie fanden ein kleines Kind in einer Krippe im Stall. Es war schon immer so: Pilger finden häufig etwas, was sie gar nicht gesucht hatten. Das ist die Einladung: zu den Sternen schauen, sich auf den Weg machen, sich auf Gott ausrichten.

Brich auf, mein Herz, und wandre. Es leuchtet der Stern. Viel kannst du nicht mitnehmen auf den Weg. Und viel geht dir unterwegs verloren. Lass es fahren. Gold der Liebe, Weihrauch der Sehnsucht, Myrrhe der Schmerzen hast du ja bei dir. Er wird sie annehmen. Und wir werden finden.

KARL RAHNER (1904–1984)[16]

Wenn wir eines Tages zu Gott heimkommen werden, wenn wir finden und gefunden werden, dann brauchen wir uns nicht mehr zu verstecken – vor keinem anderen, nicht vor mir und nicht vor Gott.
Dann können und dürfen wir kommen – und bleiben.

Bis dahin aber sind wir möglicherweise noch mit viel Sehnsucht unterwegs:

Das unruhige Herz ist die Wurzel der Pilgerschaft. Im Menschen lebt die Sehnsucht, die ihn hinaustreibt aus dem Einerlei des Alltags und aus der Enge seiner gewohnten Umgebung.
Immer lockt ihn das Andere, das Fremde.
Doch alles Neue, das er unterwegs sieht und erlebt, kann ihn niemals ganz erfüllen. Seine Sehnsucht ist größer.
Im Grunde seines Herzens sucht er ruhelos den ganz Anderen, und alle Wege, zu denen der Mensch aufbricht, zeigen ihm an, dass sein ganzes Leben ein Weg ist, ein Pilgerweg zu Gott.[17]

Und diese Sehnsucht ist nicht nur größer, sondern geht auch weiter – und hört eben nicht in Santiago oder an irgendeinem anderen Ort in der Welt auf.

Pilgerwege im Herzen

Das Bild des Weges wird gerne im übertragenen Sinn für das Leben verwendet. Menschen haben schon immer gewusst, dass man beim Unterwegs-Sein wichtige Erfahrungen für den eigenen Lebensweg machen kann. Und das gilt natürlich auch für den Camino, ganz unabhängig davon, wo es aktuell welche Refugios gibt, wie viele Mitpilger unterwegs sind, welche Route die bessere und schönere ist, was man in den Rucksack einpacken soll und was gegen Blasen hilft.

Pilgern ist eigentlich eine uralte Idee, religionsübergreifend noch dazu - und keine Modeerscheinung im Sinne von »Ich bin dann mal weg!«. Gläubige Juden brachen zur Wallfahrt zum Tempel in Jerusalem auf – und Muslime sollen nach Möglichkeit einmal in ihrem Leben nach Mekka pilgern. Im Christentum haben sich die drei großen Pilgerziele Jerusalem, Rom und Santiago de Compostela herauskristallisiert und dazu eine unüberschaubare Anzahl von regionalen und örtlichen Wallfahrts- und Pilgerorten.

Wer pilgert, begibt sich auch auf einen inneren, spirituellen Weg, es ist nicht nur ein »äußerliches Tun« oder eine formale Erfüllung ritueller Gebote. Und diese Dimension unterscheidet den Pilger dann eben doch von dem Wanderer auf dem Schwarzwald-Westweg oder einem anderen Fernwanderweg. Wer sich selbst als Pilger oder Pilgerin versteht und den Camino als Pilgerweg geht, der sucht und fragt und ist noch nicht am Ziel angekommen oder hat schon alle Antworten gefunden. Er blickt über seinen Lebenshorizont hinaus, er will mehr, ihn treibt eine Sehnsucht nach etwas, was noch nicht ist – aber vielleicht werden kann. Möglicherweise lässt sich noch gar nicht genau sagen, was man eigentlich sucht, da ist einfach ein unbestimmtes Gefühl im Sinne von: »nicht mehr so weiter«. Dann wieder mag es eine wie auch immer versteckte Frage nach dem Sinn des Lebens sein oder eine ungeklärte Situation, die zum Aufbruch treibt. Oder man will einem wichtigen Übergang im Leben eine Form und einen Ausdruck geben wie zum Beispiel dem Eintritt in die Rente oder einer überstandenen Krankheit. Die innere Einstellung eines Pilgers dürfte deshalb in der Regel eine etwas andere als die eines Wanderers sein. Er oder sie »sucht« etwas im weitesten Sinn: Antworten, Deutungen, Klärungen, Begegnungen, neue Ideen – und traut dem Weg das zu. Wer aber so etwas grundsätzlich für möglich hält, der öffnet sich und stellt seine »Antennen« sozusagen »auf Empfang«.

Mit welcher inneren Haltung ich einen Weg gehe, das bestimmt meine Aufmerksamkeit, meine Wahrnehmung und meine Bereitschaft, mögliche Erfahrungen zu machen. Motivation und Erwartungen können einen Einfluss darauf haben, wie ich den Weg erlebe – das »Innen« wirkt nach »außen«.

Aber es gilt auch umgekehrt – durch das konkrete Tun lässt sich etwas einüben. Das »Außen« wirkt nach »innen« und kann eine entsprechende Haltung prägen, wenn man etwas wiederholt und über einen bestimmten Zeitraum tut. In Corona-Zeiten sagte man, das, was man sechs Wochen lang macht, wird zur Gewohnheit, also zum Beispiel Maske tragen, Distanz halten, Händeschütteln vermeiden. Sechs Wochen – so lange braucht man ungefähr von den Pyrenäen bis zur Atlantikküste. Wer über einen solchen Zeitraum mit wenig Gepäck auskommt, dem fällt es dann auch im Alltag leichter, auf Dinge zu verzichten. Wer jeden Tag neu seine Komfortzone verlässt und sich den Anstrengungen und Wind und Wetter aussetzt, der wird sich möglicherweise auch zu Hause nicht mehr nur in seine vier Wände zurückziehen, sondern anderes und Neues wagen.

Und eigentlich geht es genau darum beim Pilgern – dass man etwas tut, damit sich in einem etwas tut. Dann kann aus einem äußeren Tun ein inneres Sein werden, das auch im Alltag trägt.

Eine solche Überlegung wird interessanterweise an der neuen Übersetzung eines alten Pilgerliedes aus dem Alten Testament der Bibel deutlich. Früher hieß es da: *Wohl den Menschen, die Kraft finden in dir, wenn sie sich zur Wallfahrt rüsten* (DIE BIBEL, BUCH DER PSALMEN, PSALM 84, VERS 6, NACH DER EINHEITSÜBERSETZUNG 1980) – und wenn man das las oder hörte, bekam man irgendwie das Gefühl, jede und jeder müsste am besten sofort den Rucksack packen und aufbrechen.

In der neuen Übersetzung kommt im gleichen Vers etwas anderes zum Klingen. Dort steht jetzt: *Selig die Menschen, die Kraft finden in dir, die Pilgerwege im Herzen haben* (EINHEITSÜBERSETZUNG 2016).

Es geht also gar nicht darum, dass jetzt alle loslaufen, sondern darum, im Herzen Pilger und Pilgerin zu sein und immer mehr zu werden. Aber man kann das unter anderem dadurch lernen und einüben, dass man pilgert.

13.7., OBERSASBACH, 20.00 UHR

Ich werde zunehmend sicherer: Lebendigkeit hat was mit Haltung und Einstellung zu tun – und der Camino kann ein verdichtetes Einübungsfeld dafür sein. Suchend bleiben, fragend sein, den Fragen trauen, offen sein, erwartend ohne Erwartungen, lassen können, gelassen werden, empfindsam und berührbar bleiben, das Geschenkte nicht als selbstverständlich ansehen, dankbar sein, staunend und ehrfürchtig, liebend werden, sehnsüchtig bleiben …
Der Camino ist eine Möglichkeit, dies neu zu lernen, sich daran erinnern zu lassen – und verweist genau damit auf das Leben mitten im Alltag.

Klar wird damit aber auch, dass manche Menschen solche Haltungen durchaus schon leben, auch wenn sie im klassischen Sinn nie gepilgert sind – und dass andere zehnmal nach Santiago gehen können und es möglicherweise trotzdem nur bei einem äußeren Tun bleibt. Dann mag jemand nette Erfahrungen machen, aber es könnte sein, dass er innerlich gar nicht aufgebrochen, sondern eigentlich bei sich zu Hause geblieben ist, dass er nichts suchte – und deshalb auch nichts zu finden brauchte.

Möglich ist aber auch, dass auf dem Weg etwas Überraschendes passiert: »So mancher ist in Saint-Jean-Pied-de-Port als Wanderer gestartet und in Santiago als Pilger angekommen« – so lautet eine alte Camino-Weisheit. Und die mag genauso für das Leben gelten.

Die Einladung steht: der Sehnsucht trauen, aufbrechen, losgehen, unterwegs sein, mit leichtem Gepäck. Auf herausfordernden Wegstrecken oder manchmal eher langweiligen Etappen, mal mit anderen, dann wieder alleine unterwegs. An Grenzen kommen, verletzt werden, sich mit dem inneren Schweinehund auseinandersetzen, rasten im Schutz einer Herberge, um am nächsten Morgen wieder aufzubrechen – Tag für Tag, Schritt um Schritt. Um dann eines Tages anzukommen und heimzukommen – am Ziel meiner Sehnsucht.

Auf dem Camino und anderen Pilgerwegen kann man das erleben – und es dann entsprechend leben.

Entscheidend mag es sein, den ersten Schritt zu tun. Noch einmal Karl Rahner: »Wir gehen, wir müssen suchen. Aber das Letzte und Eigentliche kommt uns entgegen, sucht uns, freilich nur, wenn wir ihm entgegengehen.«[18]

Das ist Pilgern. Und das ist das Leben.

Ach übrigens: Auf das Tempo kommt es dabei nicht an. Denn wie sagte es mal ein Pilger so treffend: »Und magst du noch so langsam vorwärtskommen, du bist schneller als jeder auf der Couch, der nur träumt.«

Damit endet unser gemeinsamer Weg. Auch mit einem Buch ist es wie auf dem Camino. Man geht ein Stück zusammen, tauscht sich aus, hört zu, bedenkt das eine oder andere – oder verwirft es. Vielleicht haben Sie Lust bekommen, sich mal wieder als Pilger oder Pilgerin auf den Weg zu machen, sei es nun ganz konkret auf einem Jakobsweg oder auf der nächsten Etappe in Ihrem Leben. Das würde mich freuen!

In diesem Sinn – Danke fürs Mitgehen, und vielleicht treffen wir uns ja mal in einer Herberge oder in einer Kirche am Weg.

Buen Camino!

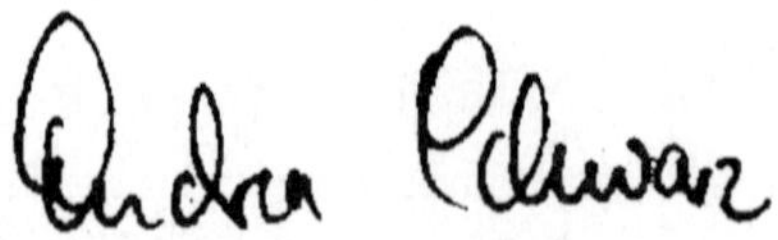

P. S. Es ist ja fast nicht zu glauben … Einen Tag vor dem lang geplanten Urlaub kann ich das Manuskript nach einem halben Jahr intensiver Arbeit endlich an den Verlag schicken. Fertig! Abgehakt!

Abgehakt? Vom Schlüssel unserer kleinen Ferienwohnung in Nordfriesland blinzelt mich eine Jakobsmuschel spitzbübisch an – fast so, als wolle sie mir sagen: Nicht fertig! Die Sehnsucht geht weiter!

Anmerkungen

1 Die Tagebuchaufzeichnungen von meinem Jakobsweg im vorliegenden Buch sind entnommen aus: Andrea Schwarz, Die Sehnsucht ist größer, Freiburg im Breisgau 1998.

2 Für Zitate aus der Bibel ist in der Regel die Fassung der »Einheitsübersetzung der Heiligen Schrift« (Katholische Bibelanstalt Stuttgart) von 2016 zugrunde gelegt, in einigen Fällen auch die Fassung von 1980.

3 Text des Liedes »Ihr Mächtigen, ich will nicht singen« von Christine Heuser auf die Melodie des israelischen Liedes »Jerusalem aus Gold« von Naomi Scherer (1930–2004).

4 Michael Ende (1920–1995), Momo. Ein Märchen-Roman, Erstausgabe Stuttgart 1973.

5 »Pilger sind wir Menschen«, Text von Diethard Zils, geb. 1935, nach der Melodie von *Land of Hope and Glory* von Edward Elgar (1857–1934).

6 »Wir sind nur Gast auf Erden« (1935), Text: Georg Thurmair, Melodie: Adolf Lohmann, im Gotteslob (2013) Nr. 505.

7 Martin Heidegger, Der Feldweg, Frankfurt am Main, 8. Auflage 1986.

8 Business Insider, Stefanie Kemmner, 28.6.2020: https://www.businessinsider.de/karriere/bewerbung/diese-aufgabe-loest-nur-einer-von-200-bewerbern-r/

9 Silbermond, »Leichtes Gepäck« (veröffentlicht 2015).

10 Sieger Köder (1925–2015), katholischer Priester und Maler. Sein Bild »Durch die Meseta«: https://shop.verlagsgruppe-patmos.de/durch-die-meseta-210318.html

11 Das »Non nobis« als Erkennungworte der Templer wird zurückgeführt auf den Psalmvers *Non nobis, Domine, non nobis, sed nomini tuo da gloriam:* »Nicht uns, o Herr, nicht uns, sondern deinem Namen gib Ehre« (Psalm 115,1).

12 Nelly Sachs (1891–1970); Gedicht »David« aus dem Gedichtband »Sternenverdunkelung« (1949); vgl. Nelly Sachs, Fahrt ins Staublose. Gedichte, Frankfurt am Main 1988. David,

traditionell als Dichter der biblischen Psalmen verstanden, »baute der Psalmen Nachtherbergen / für die Wegwunden«.

13 Reinhard Mey, »Freunde, lasst uns trinken« (1978).

14 Anna Gavalda, Zusammen ist man weniger allein. Aus dem Französischen übersetzt von Ina Kronenberger, deutsche Erstausgabe 2005.

15 Henning Mankell (1948–2015), Der Chronist der Winde, deutsche Erstausgabe 2000.

16 Aus: Karl Rahner (1904–1984), Von der seligen Reise des gottsuchenden Menschen. Gedanken zum Fest der Erscheinung des Herrn, in: Geist und Leben 22 (1949) 405–409.

17 Dieser Text wird auf etlichen Internetseiten zum Thema »Pilgern« zitiert und meistens dem Philosophen und Theologen Augustinus (354–430) zugeschrieben. Die Basis dafür dürfte der berühmte Satz des Augustinus aus dem Beginn seiner »Bekenntnisse« sein: *Geschaffen hast du uns auf dich hin, o Herr, und unruhig ist unser Herz, bis es Ruhe findet in dir.*

18 Karl Rahner (1904–1984), Alltägliche Dinge. Theologische Meditationen, Einsiedeln/Köln/Zürich, ohne Jahr, S. 12f.

Abbildungen

Johannes Werner, Kölner Architekt, war seit 2009 auf dem Jakobsweg und anderen Pilgerwegen unterwegs. Dabei entstanden viele Zeichnungen, darunter die in diesem Buch abgebildeten.
Im Internet: www.alteburg-verlag.de

Zur Autorin

Andrea Schwarz gehört zu den meistgelesenen christlichen Schriftsteller:innen unserer Zeit. Die Autorin, viele Jahre im pastoralen Dienst tätig, lebt »kurz vor der Nordsee« und ist mit Kursen und Vorträgen im ganzen deutschsprachigen Bereich unterwegs.

Wenn die Orte ausgehen, bleibt die Sehnsucht nach Heimat
Eine Flucht-Geschichte damals – und heute?
ISBN 978-3-8436-1434-4 (PATMOS VERLAG)

Leben – was sonst? 365 Entdeckungen
ISBN 978-3-8436-1261-6 (PATMOS VERLAG)

Von Chaos, Ordnung und dem wahren Leben
ISBN 978-3-8436-1165-7 (PATMOS VERLAG)

Wie ein Gebet sei mein Leben
Ein Impuls-Tage-Buch zum Lesen und Schreiben
ISBN 978-3-8436-1068-1 (PATMOS VERLAG)

Gott lässt grüßen. 52 Entdeckungen
ISBN 978-3-8436-0709-4 (PATMOS VERLAG)